Esau Jean-Baptiste
Jesula Prophète

I0104642

Haïti

ce pays de contrastes

Éditions Dédicaces

HAÏTI, CE PAYS DE CONTRASTES
par ESAU JEAN-BAPTISTE ET JESULA PROPHÈTE

DÉJÀ PUBLIÉS PAR ESAU JEAN-BAPTISTE :

- « The rise, the fall and the failing of JB Aristide », Publish America, 2006.
- « Les élections présidentielles des États-Unis », L'Harmattan, 2014.
- « Haïti 7 février 1986 – 7 février 2015. Vingt-neuf ans d'échec démocratique », Éditions Dédicaces, 2015.

EDITIONS DÉDICACES LLC

www.dedicaces.ca | www.dedicaces.info
Courriel : info@dedicaces.ca

© Copyright — tous droits réservés
Toute reproduction, distribution et vente interdites
sans autorisation de l'auteur et de l'éditeur.

2

Esau Jean-Baptiste
Jesula Prophète

Haïti

ce pays de contrastes

Préface

Composé par mon épouse Jesula et moi-même d'après un regroupement de plusieurs textes, ce livre se donne pour but essentiel de compiler en un seul document des analyses de différentes thématiques et problématiques au sujet d'Haïti, lors des dernières décennies.

Pour plus de précision, cet ouvrage prend ses sources dans les prises de position que nous avons développées dans les colonnes d'anciens et prestigieux journaux haïtiens, à savoir *le Matin* et *le Nouvelliste*.

À travers ces textes, nous avions voulu dénoncer ce que bien d'autres ne disaient que tout bas, car ils craignaient pour leurs vies et celles de leurs familles.

C'est donc d'abord sur le plan national que la publication de ces textes a été faite. Certes, ils sont tous connus des abonnés des journaux précités. Cependant, notre intention était également de faire connaître ces différentes thématiques et problématiques haïtiennes sur le plan international.

C'est ainsi que naquit l'idée de ce livre.

Remerciements

Écrire un livre est souvent l'œuvre d'une seule personne ou d'un groupe de co-auteurs. Cependant, nombreux sont ceux et celles qui ont largement contribué et participé à la réalisation d'un tel projet.

Tout d'abord, merci à Dieu de nous avoir inspirés dans le cadre de ce projet. Nous t'adressons, Père Céleste, ces quelques mots pour t'exprimer notre reconnaissance envers Ta grande générosité.

Nous exprimons notre reconnaissance à nos enfants Stanley, Sarah, David, Robertini, Jonathan et Anyssa pour leur amour et leur soutien.

Nous voudrions également exprimer notre reconnaissance au quotidien *Le Nouvelliste* et son personnel, particulièrement Mr. Amos Cyncir quant à la publication des articles.

Nous tenons aussi à remercier tous mes lecteurs nationaux et internationaux, dont les critiques et commentaires nous ont encouragés à aller de l'avant; sans eux, ce projet n'aurait jamais pu être conçu ni achevé.

Nos remerciements vont également à la Fondation *Youn A Lot* et aux membres du Parti de la Renaissance Haïtienne (PAREH).

Enfin, ce travail ne saurait être possible sans le soutien de nos amis aux États-Unis et des amis et anciens professeurs en Haïti.

Introduction

Par ses plages et sa culture, Haïti est un pays qui fascine et surprend toujours les touristes lorsqu'ils reviennent de vacances dans cette île des Caraïbes. Il n'empêche que ce pays « *interpelle car il est tout en contrastes, ce qui engendre chez la plupart des gens des émotions fortes, des plus belles aux plus insupportables* ».

Certes, depuis le départ de Jean-Claude Duvalier en 1986, ce pays demeure politiquement instable. Il est le pays le plus pauvre de l'hémisphère, selon des experts internationaux qui, de leur côté, détiennent une part non négligeable de responsabilité dans cette instabilité. C'est précisément ce qui frappe davantage : le fait que cette misère chronique soit considérée comme normale par les autorités et les gens de la classe possédante du pays. Le contraste entre ces hommes et ces femmes aisés, qui exhibent leur richesses par leur train de vie, leur voitures de luxe, leurs tenues vestimentaires et leurs bijoux, et les autres qui vivent dans des bidonvilles déshumanisés où, le plus souvent, ils meurent de faim, ne peut laisser personne indifférent. En un mot, Haïti est le pays de deux peuples, de deux modes de vie contrastés.

À Port-au-Prince, la capitale, certaines personnes sont au top des technologies modernes. Par contre, ceux qui vivent dans les bidonvilles de Cité Soleil, La Saline, Solino, Lafosset, Raboteau et Sainte-Hélène, n'ont même pas accès à l'eau potable et à l'électricité. Par ailleurs, certaines routes, où roulent les voitures de grandes marques appartenant à la classe aisée du pays, sont restées dans le même état qu'à

9

l'époque coloniale : pour une grande partie, elles ne sont même pas goudronnées.

Quand on est jeune, on pense qu'on a le pouvoir de tout changer. C'est pourquoi on est fréquemment tenté, pour y parvenir, de prendre une part active à des reunions orientées vers le chambardement d'un certain statu-quo. C'est ainsi que l'on se trouve encouragé à collaborer à des manifestations contre différentes mouvances politiques, notamment quand on vit dans un pays comme Haïti.

Ce qui explique, comme beaucoup d'autres gens de notre génération, nous avons donc activement participé à toutes sortes d'actions revendicatrices pouvant mener au renversement de tout régime que nous jugions injuste. « *Comme les problèmes politiques sont les problèmes de tout le monde, et les problèmes de tout le monde sont des problèmes politiques.* « C'est pourquoi, durant une certaine période, nous nous sommes fréquemment retrouvés dans les rues pour affirmer notre opposition formelle aux apprentis dictateurs haïtiens, sans jamais mâcher nos critiques contre les différents gouvernements, tous flétris par la corruption. Nous exprimions une amertume sans fard envers des dirigeants immoraux et incompétents.

Cependant, en dépit de tous ces efforts pour encourager différentes améliorations dans la situation sociale et politique, celle-ci poursuivait dans la voie de la dégradation. C'est ce qui nous a amenés, compte tenu de l'expérience militante ainsi acquise, à modifier notre stratégie revendicatrice.

Il fut un temps, différentes stations de radio et de télévision haïtiennes savaient nous inviter à nous exprimer sur des sujets brûlants de l'activité du pays. Puis, d'invités que nous étions, nous sommes passés au stade de dirigeants d'opinion.

Certes, comme nous l'avons appris dès notre jeune âge, les paroles s'en vont mais les écrits restent. Telle est la raison d'exister de ce livre. On y trouve un nouvel encouragement dans l'opinion de Madame Mirlande Hippolyte Manigat, ancienne candidate aux élections présidentielles en Haïti de 2010 : "*Le langage parlé touche le plus grand nombre, mais l'expression écrite demeure comme le témoignage d'une position et d'un engagement*".

C'est pourquoi, devant l'ampleur des problèmes politiques que connut Haïti durant vingt-neuf années de crise, cet ouvrage apparaît non seulement comme une œuvre d'une brûlante actualité, mais démontre également son utilité certaine pour toute personne qui s'intéresse en particulier à la problématique haïtienne, tout au long du processus de transition démocratique que ce pays à traversé.

Texte 1

Médecins du Monde vole au secours des femmes de Cité Soleil

À Cité Soleil, le taux de séropositivité du VIH/SIDA avoisine 5,2%. Les femmes, spécialement celles qui vivent dans cette zone réputée de non-droit, subissent quotidiennement des abus sexuels. Compte tenu de la proportion croissante de cette infection enregistrée chez les femmes, la transmission verticale est devenue un problème de santé majeur.

Pour contribuer à la diminution de cette transmission, *Médecins du Monde* Canada avec l'appui de l'ACDI/DAI s'est implanté dans la zone avec un programme orienté vers la prévention de la transmission du VIH de la mère à l'enfant (PTME) au centre hospitalier *Sainte Catherine de Labouré*. Ce, depuis des années.

Bien que les conséquences des conflits armés frappent les communautés dans leur ensemble, elles affectent les femmes et les filles du fait de leur statut social et de leur sexe. Une déclararation de la Commission de l'ONU sur cet aspect a reconnu que la vulnérabilité de cette catégorie face au sida est liée au manque de pouvoir de décision des femmes par rapport à l'utilisation de leurs corps.

La violence est un facteur important de propagation du VIH/sida dans le monde ; les conflits armés constituent l'occasion idéale d'agression sexuelle des femmes et de leur contamination. Cité Soleil, quartier marginalisé, présente un tableau plutôt sombre de la réalité. Des affrontements quasi-quotidiens créent un climat de terreur sans précédent.

Qu'il s'agisse d'éducation, d'alphabétisation, de santé, de propriété et d'accès à l'eau potable – domaines-clés sans lesquels il serait difficile de réaliser l'émancipation –, les femmes continuent d'être victimes d'un système patriarcal, dont la portée s'est accrue par l'absence de mesures de justice sociale.

Les femmes de Cité Soleil face au VIH/SIDA

Il est 5 heures 30 du matin et Lisette est déjà reveillée. Une longue journée l'attend. Elle se rend à la Croix-des-Bossales pour s'approvisionner en nourriture et emmener ses enfants à l'école. Après avoir terminé les corvées quotidiennes de la maison, une visite au Centre *Sainte Cathetrine de Labouré* (CHOSCAL) s'impose. Enceinte de 4 mois, elle effectue sa première visite de consultation prénatale (CPN) à l'hôpital. Reçue par le personnel de *Médecins du Monde* en CPN, elle effectue un test. Selon plus d'un, elle vient de poser un acte important. Celui d'acquérir des informations sur son statut sérologique (situation oblige). Dans quelques mois, elle donnera naissance à son sixième enfant.

Lisette habite Bélékou, l'un des trente quatre quartiers de Cité Soleil, du vaste bidonville de Port-au-Prince situé à l'entrée nord de la capitale, où les conflits armés ont occasionné de nombreuses victimes durant ces dernières années. Cette pauvre mère de trente-six ans découvre, après un test-conseil, qu'elle est séropositive. Elle garde au plus profond d'elle ce grand secret par crainte d'être maltraitée, abandonnée ou tuée par son mari qui est un chef de gang.

Les femmes, premières concernées, taisent leur situation quel qu'en soit le prix, quitte à contaminer quelqu'un d'autre, par honte et peur de la stigmatisation et de la marginalisation, Lisette s'enferme dans son mutisme. Les constats d'hommes séropositifs qui ont contracté des mariages avec des partenaires saines sont nombreux. L'inverse aussi. Et dans les deux cas, le désespoir qui en découle pour leur partenaire est immense. Les observations ont mis en évidence que l'homme contribue plus à la propagation de la maladie que la femme. Ce qui met en relief le caractère dangereux des violences sexuelles et montre comment elles favorisent la contamination.

Une autre forme de violence se traduit par les contaminations intentionnelles. Des séropositifs, qui ne s'ignorent guère, entretiennent des relations sexuelles avec des partenaires maintenues dans l'ignorance totale de leur état sérologique. Les milieux pauvres sont les plus exposés à ce genre de situation.

Un travail assidu et lourd de conséquences

Informer une patiente de sa séropositivité peut causer des dommages inimaginables à Cité Soleil. Le poids de la mentalité y joue un rôle de premier plan. Comme tant d'autres femmes, le mari de Lisette la frappe continuellement. Pour un mot jugé « de trop, des gifles et des coups de poing servent de « correctifs. »

De ce fait, Lisette se questionne sur les multiples relations entretenues par son mari et fond en un torrent de larmes. Dépendante économiquement du conjoint, elle n'ose pas négocier sa relation sexuelle. À priori, l'utilisation d'un préservatif ne fait pas partie des accords entre époux. Le préservatif est réservé aux prostituées. Du moins, c'est l'avis de son mari.

De l'espoir...

Malgré tout, femme de tête et de cœur, Lisette ne s'avoue pas vaincue. Subtilement, elle garde contact avec le personnel médical du CHOSCAL. Une infirmière de MdM lui administre des antirétroviraux. Les ARV s'attaquent directement au VIH, ce qui permet au système immunitaire de continuer à fonctionner et de venir à bout de la plupart des infections opportunistes, grâce à une collaboration du centre GHESKIO qui fournit ces médicaments.

Au bout de plusieurs semaines, Lisette donne naissance à un garçon à l'hôpital. Avant les soixante-douze heures, on a administré au nouveau-né une dose de névirapine ou AZT. Ce médicament réduit les risques de contamination. Les femmes enceintes, en couches ou qui allaitent sont particulièrement vulnérables du fait de leur situation. En période de conflit armé, le taux de mortalité des femmes s'accroît bien souvent dans des proportions effrayantes. Il faut signaler que, dans certains cas, les mères informées de leur séropositivité sont obligées d'allaiter leurs bébés afin d'éviter le courroux de leurs maris ou compagnons.

Or, lutter contre le sida exige, avant tout, une bonne capacité organisationnelle et opérationnelle. Élaborer des programmes de prévention, cibler les catégories à risque et prendre en charge les victimes du sida sont les objectifs fixés par *Médecins du Monde* en Haïti. Autrement dit, les patients ont accès à un soutien médical et psychosocial. Un groupe *ad hoc* est mis sur pied. Il est composé notamment d'un médecin gynécologue, d'une infirmière, de deux auxiliaires-infirmières, d'une travailleuse sociale, d'un psychologue et de cinq agents de santé.

Cependant, dans l'état d'extrême pauvreté où évoluent les femmes à Cité soleil, un appui technique ne saurait permettre à MdM d'atteindre pleinement ses objectifs. De ce fait, à travers son programme de PTME, le personnel de *Médecins du Monde* procède toutes les deux semaines à la distribution aux familles nécessiteuses de rations alimentaires et de lait artificiel pour les nouveau-nés au cours des réunions du groupe d'appui psychosocial.

Un réseau d'agents de santé composé de femmes séropositives intervient dans la prise en charge des patientes. Leurs attributions consistent à effectuer des visites domiciliaires. Servant de lien entre les personnes vivant avec le VIH/SIDA et MDM. Plus d'une centaine de femmes bénéficient de ce programme. De plus, un centre de dépistage volontaire (CDV) dessert à présent toute la population de Cité Soleil dans le but de prévenir les IST ainsi que le VIH/SIDA.

En dépit de toutes ces mesures, ces femmes ne doivent pas simplement être perçues comme des victimes d'un conflit armé. Elles jouent aussi un rôle-clé en assurant la survie de leur famille durant ces périodes de troubles. Par ailleurs, *Médecins du Monde* Canada demande au gouvernement haïtien de donner la priorité à la question de la violence contre les femmes, de faire comprendre que cette violence est à la fois une cause et une conséquence de la propagation du VIH/SIDA et d'en tenir compte dans la stratégie nationale pertinente, dans le but d'encourager des campagnes nationales de sensibilisation et d'éducation, de favoriser l'évolution des attitudes sociales et culturelles face au rôle de chaque sexe, enfin d'éliminer les types de comportement qui engendrent la violence.

Jésula PROPHETE

Texte 2

La face cachée de la traite d'enfants

Environ trois mille enfants haïtiens font annuellement l'objet d'un trafic vers la Répubique Dominicaine. Ces trafiquants se regroupent à la frontière séparant l'île. Les filles sont les principales concernées. Elles sont victimes du trafic sexuel : un mal très répandu.

Le terme ''trafic'', toujours associé à celui des marchandises, est désormais lié à celui des enfants. Dans le panorama, Haïti est présenté comme pays d'origine, de transit et de destination. Ressortissants des départements du Nord et du Centre, ces jeunes font l'objet de viols, de tortures, d'avortements forcés et de rétention de documents d'identité. Les réseaux fonctionnaient grâce à l'appui de militaires, de policiers et de chauffeurs.

Les filles et les trafiquants

En majorité, ces enfants viennent de milieux modestes. Dans l'ensemble, seule une minorité a fréquenté l'école. Les filles sont recrutées soit directement par un employeur, soit par une tierce personne jouant le rôle d'intermédiaire. Ensuite, dans de nombreux cas, le voyage des filles comporte une étape intermédiaire : elles sont abandonnées à leur sort pendant des semaines, avant d'être transportées vers leur destination. Et les péripéties commencent.

À l'arrivée, les filles sont remises au domicile des requérants. Elles sont employées comme domestiques, accomplissant ainsi les tâches les moins gratifiantes. Ces malheureuses travaillent pendant de longues heures d'affilée.

Pratiquement aucune d'entre elles ne reçoit de rémunération pour ses services. Elles sont employées également dans le travail agricole. Elles n'ont pas d'accès aux services de base. Ces filles sont mal logées et mal nourries.

Entre l'enclume et le marteau

Beaucoup ont raconté des incidents impliquant des sévices physiques ou émotionnels qui les ont souvent poussées à s'enfuir et à vivre dans la rue. Pour faire face à la vie quotidienne, la prostitution y est une porte de sortie. Chez nos voisins, la prostitution a pour origine la pauvreté et les antécédants d'abus sexuels.

Les prostituées haïtiennes, composées de jeunes filles mineures, sont victimes de mauvais traitements. Celles qui travaillent dans les établissements doivent obligatoirement accepter les relations sexuelles avec le propriétaire. À défaut, l'administrateur et le reste du personnel est lié au bordel. Une partie de l'argent gagné sert au paiement des frais scolaires. L'autre partie va aux trafiquants et aux parents.

Un rapport du département d'État estime que les trafiquants profitent de l'absence de volonté politique des gouvernements, de la corruption et des structures étatiques.

Les méthodes employées

Se procurer des enfants repose sur la volonté des cocontractants. La pratique de la vente des filles avec la complicité des parents eux-mêmes existe. La plupart, interrogées lors d'une enquête, se souviennent d'une certaine implication de leur famille dans la transaction. Par ailleurs, l'obtention d'un consentement par la fraude est très courante. Ces malfrats font croire aux parents que leurs enfants vont partir pour étudier ou être soignés.

Des promesses fallacieuses d'adoptions d'enfants par des étrangers font partie du décor. Entre 2000 à 2500 enfants partent annuellement en direction de l'Amérique du Nord et de l'Europe, selon l'Organisation Internationale de la Migration. Ils ont tous été adoptés. Faute de mieux, la République Dominicaine rentre en lice. Une adoption rapporte environ deux à quatre mille pesos. Parallèlement, des milliers d'adultes en quête d'emploi tombent dans les pièges des trafiquants.

Traite d'enfants : une expression commune, connue de tout un chacun. Mais une expérience peu commune, inconnue de la plupart des gens. Actuellement, une dizaine de réseaux regroupant parents, amis et passeurs sont sur le pied de guerre.

Jésula PROPHETE

Texte 3

La tuberculose : entre crainte et espoir

Fièvre modérée mais continue, perte progressive de poids, toux, crachats sanguinolents, aspect d'un cadavre vivant avec les pommettes colorées et saillantes, les yeux enfoncés et brillants : telles sont les principales caractéristiques d'un patient atteint de tuberculose, selon un spécialiste. La maladie est en constante aggravation dans le pays et nécessite, outre l'implication du corps médical haïtien, le soutien des contributeurs de presse.

La tuberculose demeure l'une des menaces de santé publique les plus importantes sur le plan mondial, selon le Dr. Elsie Laforce, consultante nationale pour la tuberculose à l'OMS/OPS. En Haïti, la maladie est endémique : 14070 cas ont été recensés pour l'année 2003, selon les estimations de Dr Laforce. Le département de l'Ouest, l'un des plus touchés du pays, compte à son actif 25% de la population ; cette année, 5905 cas ont été enregistrés, selon la même source.

En dépit des actions du Ministère de la Santé Publique et de la Population(MSPP), à travers son Programme National de Lutte contre la Tuberculose(PNLT), la maladie continue sa course et constitue la première pathologie opportuniste manifeste chez les malades du VIH/SIDA. Face à cette situation, la lutte contre la tuberculose nécessite *"l'apport de divers secteurs de la population, et davantage encore, les contributeurs de presse qui travaillent à informer et à former la population."* (propos de M. Jean-Claude Louis, directeur de programme pour Haïti de Panos Caraïbes, qui organise à l'intention des journalistes, les 17 et 18 juin 2005, une session de formation autour du thème *"Information et communication autour de la tuberculose"*, avec la participation de cadres nationaux du PNLTS.)

« *Maladi ti kay, maladi zepòl kare, pwatrinè* » : la tuberculose connaît ces trois dénominations dans diverses régions du pays. La localisation principale de la tuberculose reste le poumon. Contagieuse avant même d'être diagnostiquée, cette contagiosité varie en fonction de la toux et de la gravité de la maladie. Le risque de contamination est d'autant plus grand pour la grande majorité de la population à faibles revenus, du fait qu'elle vit dans une forte promiscuité.

La stigmatisation est l'un des problèmes cruciaux auxquels est confronté le patient atteint de tuberculose. En raison de la stigmatisation, bon nombre d'entre eux évitent, autant que possible, de consulter des professionnels de santé. Ils retardent souvent la consultation d'un médecin, jusqu'à devenir plus contagieux encore pour leur entourage. Selon les estimations, 59% des malades ont eu des problèmes avec leur travail, 27% ont dû faire face à d'autres types de problèmes sociaux. Certains malades ont même recours à des prêtres vaudous pour se faire soigner : en effet, selon plusieurs d'entre eux, leur maladie relève du surnaturel.

La tuberculose se situe au deuxième rang des maladies infectieuses les plus meurtrières et progresse en grande partie à cause de la co-infection du VIH, d'où une corrélation étroite entre ces deux infections. Selon les estimations de l'OMS, plus de 10 millions de personnes sont doublement touchées. Environ 30% des décès dus au VIH-SIDA ont pour cause directe la tuberculose ; elle est la première pathologie opportuniste qui se manifeste chez les PVVIH. « *Des milliers de personnes cumulent déjà les deux infections, et le cas de co-infection risque de se multiplier rapidement compte tenu de la proportion considérable de porteurs de bacille tuberculeux* » a déclaré le Dr O. Désinor de l'USAID.

La prise en charge du malade constitue une étape importante, selon les propos du Dr. Elsie Laforce. Le PNLT, à travers cette prise en charge, vise à réduire l'incidence de la maladie. Leur travail s'articule en deux points : encadrement et coordination. La prise en charge s'effectue à partir de la stratégie DOTS (stratégie recommandée par l'OMS), traitement de courte durée sous surveillance directe, impliquant, entre autres, l'engagement des pouvoirs publics vis-à-vis d'un programme national de lutte antituberculeuse et l'approvisionnement régulier et interrompu de tous les médicaments antituberculeux essentiels.

En fait de résultat, les taux de guérison et de succès au niveau de TPM+ (tuberculose à microscopie positive) ont marqué une progression allant respectivement de 48% en 1999 à 75,24% en 2002. Cette amélioration est due aussi, en grande partie, aux actions du Programme National de Lutte contre la Tuberculose (PNLT) qui met à la disposition des malades les soins et services nécessaires. Actuellement, le risque annuel qu'une personne soit infectée se situe entre 2,5 à 3%, une estimation qui est en chute libre, d'après le Dr. Richard D'Medza, coordonnateur du (PNLT).

Les actions de prise en charge au niveau de certaines structures, dont le PNLT, le CDS (Centre de Développement de la Santé), reçoivent le soutien financier de bailleurs tels que le Fonds Global, USAID, HS-2007, l'OMS. Par ailleurs, d'autres formes de partenariat ont été récemment développées par les centres GHESKIO et Zanmi Lasante ; à travers leurs actions, les patients tuberculeux et les PVVIH sont pris en charge et parviennent à se nourrir convenablement.

En dépit de ses moyens limités, l'État haïtien, depuis 1990, arrive à assurer la prise en charge des patients tuberculeux, ce qui leur permet de se remettre de la maladie dans une période de 8 mois. Cependant, il faut mettre les points sur les « i » , selon le Dr. Richard D'Medza, pour qui, l'implication de toute la communauté, en faveur d'un changement de comportement, doit être la plaidoirie des divers secteurs de la population. « *Cette maladie dont on a tant peur est en réalité facile à soigner, dans 6 à 8 mois, si la prise des médicaments est respectée »*, selon M. Jean-Claude Louis, responsable de *Panos Caraïbes.* Dans la même lignée, il souligne l'importance de la presse dans la diffusion d'informations relatives aux soins disponibles et dans la propagation de messages qui ne pourront atteindre toute la population si les médias ne sont pas impliqués dans la lutte contre la tuberculose.

Jésula PROPHETE

Texte 4

Le sexisme en milieu scolaire

L'école n'est pas la seule instance socialisatrice. Et pourtant, dans cet espace, les enfants apprennent aussi à être des hommes et des femmes. Dès l'âge adulte, les stéréotypes de sexe orientent le regard sur autrui, influencent les conduites.

Tout au long de la vie, un ensemble de croyances rigides concernant un groupe social se manifeste. On les appelle «stéréotypes». Ils contribuent à hiérarchiser les catégories entre masculin et féminin. D'ailleurs, le masculinisme dans les contenus d'enseignement est flagrant. En Haïti, le débat est ouvert.

Relation entre garçons et filles à l'école

Dans la cour de récréation, les garçons dominent l'espace de jeu. Ils monopolisent chaque recoin. De plus, ils occupent l'espace sonore de la classe. Le contraste se poursuit à l'adolescence. Pendant ce passage ô combien important dans la vie d'un enfant, la pression s'accentue sur le sexe opposé. Ils exercent une domination sur le groupe des filles, les empêchant d'occuper une position de *leadership*.

Certains enseignants se conduisent différemment vis-à-vis de chaque sexe, note le professeur ESAU Jean-Baptiste de la Fondation *Youn A Lot*. Le couloir de la transmission des savoirs comporte des divisions socio-sexués, poursuit le professeur. Ainsi le curriculum caché joue-t-il un rôle de premier plan, puisqu'il s'agit de tout ce qui s'acquiert à l'école sans figurer dans le programme. Les idées acquises à travers ce programme continuent de persuader les filles qu'elles sont invisibles.

Garçons et filles vivent une socialisation très différente

À l'inverse des filles, les garçons sont souvent incités et même contraints à entretenir des relations sexuelles à un âge précoce. Leurs parents et leurs camarades de sexe masculin les encouragent à passer à l'acte. Alors que les garçons sont libres de mener leur vie, les jeunes femmes sont principalement destinées au mariage et à la maternité.

En effet, les discours tenus par les garçons sur la sexualité sont souvent exprimés en termes de violence. Leurs propos sont très sexistes concernant les relations hommes-femmes. Dans la grande majorité des cas, ces mots sont banalisés, voire avalisés par les filles elles-mêmes. La sexualité s'exprime rarement chez les groupes de jeunes dans des termes tels que : l'amour, la rencontre amoureuse, le plaisir... Les relations s'expriment entre dominants et dominées.

Impact des idées perçues

Trop souvent, l'image de la femme véhiculée par les médias renforce les attitudes et les préjugés sexistes. Les efforts déployés pour combattre les stereotypes sont souvent perçus comme une intrusion au profit de valeurs issues d'une culture étrangère. Cependant, les hommes restent dominants dans les filières qui conduisent aux différentes formes de pouvoirs : économique, politique, juridique.

En ce sens, lutter contre les préjugés sexistes s'avère payant. En effet, il faut favoriser, promouvoir l'égalité des chances entre filles et garçons. Nonosbstant toutes ces idées perçues, aujourd'hui, les attentes des parents sont plus équitables. Dans notre société actuelle, les filles ont changé, mais qu'en est-il des garçons ?

Jésula PROPHETE

Texte 5

À la veille des élections :
quelle santé, pour quelle population ?

À environ un mois des élections, de nombreux partis politiques assurent la promotion de leur programme, tandis que d'autres s'apprêtent à le finaliser. Le 26 août 2005, au *Karibe Convention Center*, Juvénat, Pétion-Ville, le débat politique est orienté vers les grands problèmes de santé publique en Haïti et du niveau d'implication des candidats à la course électorale. Le MSPP et l'Organisation Mondiale de la Santé (OMS/OPS)), organisateurs de ce forum, invitent les leaders politiques à travailler pour un plan sanitaire en faveur de l'amélioration de la santé des mères et de la réduction de la mortalité infantile.

Le niveau de santé de la population haïtienne est le plus déficient, comparativement aux autres pays des Caraïbes et d'Amérique Latine. Jusqu'à une certaine date, dans certaines régions du pays, des spécialistes en santé publique se plaignent que des membres de la population utilisent encore l'urine de cheval pour calmer une rage de dent.

Le VIH/SIDA, la malaria, la tuberculose et d'autres maladies endémiques représentent un véritable défi posé au système de santé haïtien. L'État haïtien dépense actuellement $2,85 par habitant dans le domaine de la santé. Et pourtant, il lui faudrait au moins $34 pour chaque habitant, selon Mikael Léandre, directeur général du MSPP.

Par ailleurs, la population haïtienne développe une grande vulnérabilité face à certaines maladies. Selon une étude menée par le Programme des Nations-Unies pour le

31

Développement (PNUD), 60 à 80% de la population risque de contracter sous peu la malaria. Le taux de prévalence de la maladie est le plus élevé des Caraïbes, soit 17% en 2002 par rapport à 3,9% en 1994. En ce qui concerne la tuberculose, elle est endémique et la prévalence reste élevée. À ce niveau, le dépistage au sein de la population n'est pas exhaustif. Quant à la typhoïde, elle continue de se développer dans les zones d'accès difficile.

« Vu la situation sanitaire de la population haïtienne, si les candidats à la présidence ont un plan sanitaire, celui-ci doit inévitablement tenir compte, entre autres, des trois paramètres suivants : agir sur les déterminants de la mortalité maternelle ; promouvoir la planification familiale ; élaborer un plan d'aménagement du territoire national », selon les propos de M. Hernando Clavijo, responsable du Fonds des Nations-Unies pour la Population (FNUAP). Présent à ce forum, M. Hernando Clavijo a mis l'accent sur le devoir et le rôle des partis politiques quant au développement humain. Les femmes et les enfants, catégories plus vulnérables de la population haïtienne, doivent à tout prix devenir le centre du débat quotidien entre les politiciens. C'est aussi le souhait formulé par l'organisation féminine *Fanm Yo La*, présente aussi à ce forum.

Quelles sont les préoccupations sanitaires de nos leaders politiques pour la population haïtienne ? Telle a été la grande question soumise à l'adresse des candidats présents à ce forum. *« Comment les leaders vont-ils s'y prendre ? »* s'inquiète le Ministre de la Santé Publique, le Dr Josette Bijou. Alors que les problèmes s'accentuent, les leaders politiques se font néanmoins de plus en plus rares dans les débats où les besoins primaires de la population sont exposés. L'objectif de ce forum, selon les organisateurs, vise à orienter les leaders politiques vers les grands problèmes de santé publique en Haïti. À cet effet, s'informer du niveau de santé de la population doit être une priorité, selon Josette Bijou.

Mères et enfants doivent être au centre des débats

« *Fanm k ap bay lavi dwe rete vivan* »! Tel est le slogan utilisé par les participants au cours de ce forum. Il témoigne d'une préoccupation importante relative à la santé des femmes au niveau de la population haïtienne. Dans de nombreuses régions du pays, une femme enceinte peut effectuer entre 4 à 6 heures de marche en vue de se rendre à un centre de santé ; elle peut néanmoins, arrivée sur les lieux, ne pas avoir accès au service sanitaire requis. La majeure partie du temps, les centres sont dépourvus de matériel, même les plus élémentaires (alcool, eau oxygénée, etc) qui leur permettraient de prodiguer des soins aux patients. Parfois, le patient ne peut tout simplement pas se payer le luxe que requièrent les soins sanitaires. Johanne, 25 ans, connaît, au cours de sa grossesse, une crise pré-éclampsie. Elle-même et l'enfant sont morts. Ses parents expliquent : « *Son mari Verdieu s'était rendu aux Gonaives pour son travail de maçonnerie. Elle avait de fortes douleurs, une voisine l'a emmenée à l'hôpital. En arrivant, elle n'avait pas de quoi payer les prescriptions. Ils l'ont laissé mourir, se plaignait la mère en pleurant* ». *Un exemple parmi des centaines d'autres* ! « s'écria le Dr. Bijou, intervenant au cours de ce forum. Et le Dr Léandre de renchérir : « *Comment peut-on permettre à cette situation d'urgence silencieuse de perdurer* » ?

Par ailleurs, d'après les dernières études de l'Organisation Mondiale de la Santé, 5% des enfants âgés de moins de 5 ans souffrent de malnutrition aiguë en Haïti, avec un taux de mortalité dépassant les 80%. « *Il y a lieu de s'inquiéter* », affirme Dr Béatrice Bonneveaux, représentante OMS/OPS en Haïti. Selon la spécialiste, la mort d'un nouveau-né est une tragédie courante dans plusieurs contrées du pays : 100 nouveau-nés meurent toutes les soixante minutes. « *Les infections respiratoires aiguës constituent la première cause de mortalité infantile »*, constate-t-elle.

Défis et Perspectives

Au cours de cette période électorale, les nombreuses promesses des candidats foisonnent, à tel point que l'on se demande si Haïti ne quittera pas subitement son rang d'avant-dernier dans le classement du PNUD, pour se retrouver au sein du G8. Les programmes regorgent de promesses. « *Santé pour tous en l'an 2000 »* ! visait celui du gouvernement démissionnaire d'Aristide. Un objectif qui n'a pourtant pas été atteint, selon les données recueillies.

Le faible niveau de revenus de la population semble être un facteur à considérer dans la balance, selon le Dr Bijou. Et dans un plan plus élargi, Information, Éducation, Urbanisation et Modernisation sont autant de points à revoir. « *Intégrer les facteurs dans les plans de développement économique et social afin de promouvoir le développement durable, créer des infrastructures de base notamment dans les zones d'accès difficile relèvent d'une importance capitale »* souligne Hernando Clavijo. Il faut également réduire la vulnérabilité des femmes face au VIH/SIDA. Une prévention efficace exige des programmes politiques bien établis. Les candidats à la présidentielle se sont mis d'accord, à la fin du forum, pour la promotion du projet pilote de prévention des IST en milieu scolaire : *«Projet 207 HAI 1001».* La proposition a été faite par le ministère de l'Éducation nationale en vue de permettre aux écoliers d'acquérir une formation adéquate concernant le VIH-sida.

Jésula PROPHÈTE

Texte 6

Parcours d'une combattante

Elle est mère de six enfants. Elle vient de Ouanaminthe. Amélia, comme de nombreuses autres femmes de son quartier, gagne difficilement son pain. Elle emprunte alors le parcours habituel. Elle rentre à Port-au-Prince. Ce n'est pourtant pas la fin de son périple : Port-au-Prince – Ouanaminthe, Ouanaminthe – Port-au-Prince. Puis, au bout du tunnel, la République dominicaine. Pour elle, « Ti kouto miyò pase zong ».

Quand Amélia rentre à Port-au-Prince, elle est accompagnée de deux de ses enfants. Sa tante Délia est la seule parente qu'elle compte dans la capitale. Cette tante habite Solino, un quartier marginalisé de la capitale.

C'est donc a Solino qu'elle se rend. Dans une chambre assez exiguë. Là, elle s'installe dans la misère la plus complète. Elles sont sept personnes à partager ce logement. Mais il faut survivre. Pour elle-même. Pour les enfants surtout. Elle vend du charbon de bois. Les bénéfices aident à subvenir aux besoins élémentaires de la famille.

Et la famille subsiste. Mais la vague d'insécurite frappe fort. Et avec elle, l'opération *Bagdad*, déclenchée en septembre 2004. C'est à Port-au-Prince qu'Amélia entend et voit tomber les pluies de balles. Elle n'a nulle part où aller. Elle retourne à Ouanaminthe.

De surprise en surprise...

Arrivée dans sa ville d'origine, Amélia trouve un quartier désert. « *Mwen wè katye a vid, tout moun m te konnen pandan dètan pat prezan* », s'exclame Amélia. C'est qu'ils ont tout laissé. Terres et plantations. Ils ont gagné Santo Domingo. Un refuge pour fuir la misère.

Au bout d'une semaine, le père de ses enfants, victime d'un accident de voiture, succombe à ses blessures. À 27 ans, Amélia se retrouve veuve. La lutte pour la survie est de plus en plus féroce. Elle décide alors de se rendre en République Dominicaine. Les difficultés ne font pourtant que commencer. On l'emmène voir un *boukonn* – un passeur – : celui-ci doit l'aider à gagner la frontière. Le boukonn fixe ses prix. « *Manzè ap bezwen 500 goud pou travèse* ». Mais elle n'a pas cette maudite fortune. Le boukonn lui prend la main. « *Lè bondye fèmen yon pòt, li ouvri yon fenèt,* m'a-t-il dit, raconte Amélia. *Menm lè a li konmanse grate pla men l. M' fout li yon sèl kout je epi m rale menm nan men l* ».

Mais elle ne fait pas marche arrière. Au contraire, cet incident regrettable renforce sa determination. « *Tout ti pwoblèm lajan pral rezoud* », lui confie une amie. Gagner la République Dominicaine pourrait s'avérer payant, se dit Amélia.

Un long voyage...

C'est auprès d'un autre boukonn qu'elle débutera le voyage. Mais pour un si long périple, on ne lui réclame aucune pièce d'identité. Elle n'en est pourtant pas surprise. Elle le savait dès le début. Elle a refusé tous les points de contrôle établis par la migration. La situation se fait poutant très inquiétante. Amélia confie : « *On m'a dit que le voyage serait agréable ; qu'on allait passer par la montagne et que quelqu'un m'attendrait et m'emmènerait à Puerto Plata. Cette personne n'est pas venue et j'ai dû me rendre seule au Batey accompagnée de mes deux plus jeunes enfants âgés de 8 et 10 ans ».*

Un long trajet les attend donc. Ils passent trois jours au beau milieu de la montagne. Ils sont huit personnes à composer le groupe. Ils s'entraident donc : cela évite le découragement. Et fait voir le soleil plus près qu'il ne l'est vraiment.

Finalement, elle s'installe avec ses deux enfants à Boca Nueva, une des localités regroupant plusieurs bateys. Là, elle s'offre à la coupe de la canne à sucre. Bien que ce travail soit reservé aux hommes, elle a droit à un salaire inférieur au leur.

Bonjour persécution et humiliation !

Amélia n'a pas de passeport. Elle ne possède aucune pièce légale. Les abus et exploitations foisonnent. Le patron refuse de payer. Elle ne peut pas protester : elle est en situation irrégulière et pourrait se faire expulser.

Elle obtient en dernier recours sa carte du Conseil d'État du Sucre (CEA). Mais cette carte l'identifie comme étant résidente du Boca Nueva. Le document n'a aucune valeur légale lui permettant de séjourner dans le pays.

Paralèlement, elle garde des contacts serrés avec ses quatre autres enfants restés à Ouanaminthe. Elle leur envoie nourriture et vêtements. « *Tant bien que mal,* dit-elle, *j'arrive à joindre les deux bouts.* »

Un espoir brisé

C'est une négresse, Amélia. Elle vient d'Haïti, de surcroît. Et elle est pauvre. Amélia doit faire face à un anti-haïtianisme sans bornes. Elle n'échappe pas à cette réalité. Les stéréotypes de genres, de race et de nationalité, ne jouent guère en sa faveur.

Puis, un jour, elle revient tristement du batey. Un bataillon d'hommes armés l'a arrêtée. Elle est rapatriée de force, sans vêtements, ayant laissé ses affaires personnelles dans la batey. Elle est séparée de ses deux enfants.

Des témoins l'ont vue : « *Mwen pa t ka kenbe dlo nan je m. Yo ranmase Amélia yo voye l nan machin nan kom yon pil rad sal. Se tout zantray mwen k'ap manje m chak fwan m viv yon sèn konsa.* »

Des milliers de femmes souffrent physiquement et émotionnellement, dans le silence de leur cœur, des séquelles d'un voyage en République Dominicaine. Des enfants ont été séparés à jamais de leurs parents. Sous les yeux de leurs conjointes, des hommes sont lâchement assassinés.

Aujourd'hui encore, Amélia n'arrête pas de chercher désespérément ses enfants. Quelques organismes travaillant dans le domaine de la migration l'accompagnent parfois – sans succès jusqu'ici. Mais Amélia ne se décourage pas. Femme de tête et de cœur, elle espère.

Jésula PROPHETE

Texte 7

Viol comme arme de terreur

En période de conflit, les femmes et les filles subissent toutes formes de violence. Physique, psychique ou sexuelle. En torturant les femmes et les adolescentes, on a voulu porter atteinte à leur intégrité en tant que personnes et en tant que femmes.

En décembre 2004, l'organisation féminine *Kay Fanm* a reçu 272 femmes victimes de violences. 85 d'entre elles étaient des cas de viol perpétrés par des groupes armés. Parallèlement, la commission des femmes *Victimes pour les Victimes* (KOFAVIV) souligne avoir enregistré 800 cas pour l'année 2005. Toutes ces femmes, sous la menace d'armes à feu, ont été torturées et violées.

La violence sexuelle fait partie intégrante de la stratégie des groupes armés, déclare Marie Eramithe Delva, leader du groupe KOFAVIV. Le viol est devenu une caractéristique endémique de la crise des droits humains que traverse Haïti actuellement, note-t-elle. Ces actes de violence sont en étroite corrélation avec le type de relation hommes-femmes qui existe dans la société.

Outre les séquelles physiques de ces brutalités, ces femmes risquent d'etre enceintes ou infectées par le VIH. Ces victimes sont le plus souvent exclues de la société. Il arrive que ces femmes soient submergées par la terreur, qu'elles aient le sentiment d'être impuissantes et même d'avoir perdu toute valeur humaine. Elles sombrent dans l'apathie et la négation d'elles-mêmes.

Un champ de bataille

Dans une étude publiée par l'Organisation Mondiale de la Santé, le viol se définit comme un délit d'agression commis par des hommes qui veulent dominer et humilier. Cet acte a pour objectif de forcer les femmes à une intimité physique. Respecter toutes les normes correctes ne protège pas nécessairement une femme vertueuse du viol, souligne ce rapport publié en 2006.

Le corps d'une femme est synonyme d'un champ de bataille du fait qu'à présent, le viol devient une épidémie en Haïti, souligne un rapport du RNDDH. Ces cas sont étroitement liés à la violence politique qui ronge le pays. Ces formes d'humiliation et de violence prennent une forte signification politique et symbolique. En prenant délibérément l'initiative de tels actes ou en les entérinant, les dirigeants politiques mettent en relief l'importance de ces actes qui sont plus que des agressions fortuites, affirme Olga Benoît. Intervenant à l'occasion de la journée internationale contre la violence faite aux femmes, la militante de la Coordination Nationale de Plaidoyer pour les Droits des Femmes a noté le laxisme du gouvernement face à cette situation.

Vilès Alizar, du Réseau National de Défense des Droits Humains, fustige pour sa part le comportement des autorités policières qui, dit-il, traite ces dossiers avec légèreté, indifférence, voire mépris. Ce comportement perpétue l'impunité dont jouissent les responsables de ces actes odieux.

Une réalité masquée

Paradoxallement, plusieurs mythes entourent cette problématique. D'aucuns disent qu'un simple geste ou la manière de se vêtir peut rendre la femme vulnérable au viol. Certains affirment également que les jeunes filles « bien » ne se font pas violer. *« Notre société encourage et récompense les femmes attirantes sur le plan physique mais celles qui ont la malchance d'être violées sont condamnées comme le méritant »* dénonce Mme Benoît. La plupart des viols ne sont pas spontanés mais planifiés longtemps à l'avance.

Ces idées préconçues rendent les victimes responsables de l'agression. La manière de se vêtir ne peut pas être utilisée pour mesurer la provocation de la part de la femme violée, soutient Vilès Alizar. Ces mythes ne font qu'aggraver la situation.

Elles sont rares, celles qui survivent après la commission de cet acte. Les victimes se remémorent sans cesse les séquences terribles de cet événement. Le rejet social qui en résulte renforce la honte, la culpabilité, la solitude et la dépression éprouvées par les victimes. Parmi celles-ci, qui restent nombreuses, les femmes ayant survécu à des viols restent les plus marquées. Les Nations-Unies estiment qu'entre 1000 à 2500 viols ont été commis pendant la période 2004-2006.

Le revers de la médaille

Au traumatisme d'avoir été victimes ou témoins de brutalités abjectes s'ajoute une cruelle réalité : nombre de ces femmes sont aujourd'hui séropositives ou atteintes d'autres maladies sexuellement transmissibles. Elles ont bien peu d'espoir de voir juger leurs bourreaux dans l'état d'engorgement actuel de l'appareil judiciaire haïtien. Elles ne bénéficieront pas non plus de soins médicaux.

En dépit des récentes avancées vers un règlement politique du conflit armé, le viol et les violences sexuelles se poursuivent. La prolifération des armes légères accroît le risque de violence dans la vie quotidienne, notamment à l'égard des femmes, situation qui est susceptible de perdurer même lorsque le conflit armé aura cessé. Il faut donc agir de toute urgence.

Jésula PROPHETE

Texte 8

Kenscoff : une verdure en voie de disparition

Haïti connaît une croissance rapide de maisons sur l'emplacement des terres productives. Elles sont érigées, pour la plupart, sur des pentes ou des ravins, du fait du déboisement accéléré du côté Est du Morne de l'Hôpital et de l'exploitation de carrières de sables à outrance. C'est ce qui laisse entrevoir un désastre écologique sans précédent à Kenscoff.

Kenscoff se trouve au sein d'une végétation de pins et d'eucalyptus. Située à 20 kilomètres de Port-au-Prince, la ville jouit d'un climat tempéré. Ses nombreuses cultures en terrasses composent un paysage bien ordonné. Ce merveilleux site de 1500 mètres d'altitude succombe sous les méfaits de l'urbanisation.

Depuis les trois dernières années, qui furent difficiles sur le plan sécuritaire, nombreuses sont les personnes qui s'achètent des portions de terre en vue de construire d'une maison, en prétextant que, dans cette partie de la capitale, elles sont plus rassurées, non seulement pour leurs investissements qui ne seront ni détruits ni incendiés mais pour elles-mêmes, qui ne risqueront pas d'être kidnappées.

Cette situation n'est pas sans conséquences sur la commune de Kenscoff. Une diminution considérable au niveau de la production agricole est à noter, selon le ministre de l'agriculture François Séverin. De plus, l'avenir de la partie Est du morne de l'Hôpital est sérieusement compromis à cause du développement effréné du marché immobilier.

Exploitation des carrières de sable

En surplus des constructions arnachiques, des alluvions calcaires blanches sont exploités à très grande échelle pour la fabrication du béton. Laboule semble en être la principale source. Le sable de Laboule convient à la fabrication du béton en raison de sa propreté, déclare Orel, travailleur à plein temps sur ce site. Sous un soleil de plomb, il dit être conscient du danger imminent mais… qu'il n'a pas d'autres sources de revenus.

Allant des ravines de Tête de l'Eau jusqu'à Saint-Jude, le broyage de ce sable représente une véritable menace pour la zone de Port-au-Prince. De la route de Laboule à Saint-Jude, plus d'une quinzaine de carrières de sable sont en exploitation. Ceci au mépris des paramètres conditionnant l'environnement et aussi au détriment du tracé de la route.

Laboule et Grenier fournissent 50% des exploitations de granulats du pays. Dans les localités de Godé et Obléon, l'exploitation des roches occupe une part importante sur le marché local.

En fait, le côté Est du Morne de l'Hôpital se constitue de calcaire et de carbonate de calcium. C'est ce qui rend le sable Laboule très prisé par les exportateurs : ces composantes le rendent compétitif.

Les enjeux

L'agrandissement de Kenscoff et de ses environs se fait au détriment des terres agricoles, alors que les terres cultivables représentent une ressource rare en Haïti. Les nouvelles propriétés constituent l'un des obstacles majeurs au développement de l'agriculture, souligne Yves André

Wainright, ancien ministre de l'environnement. Plusieurs propriétaires ont vendu leurs parcelles de terre à des entreprises de construction ou à des particuliers, poursuit Wainright.

À cause d'une demande excessive de la classe moyenne et de l'élite, ces terres perdent automatiquement leurs vocations premières. D'autre part, pour répondre aux besoins en combustibles, la population abat en moyenne 12 millions d'arbres par année. Ceci s'ajoute à l'urbanisation sans contrôle du Morne de l'Hôpital, entraînant une accélération du processus de déboisement. Cette situation atteint des proportions inquiétantes, selon les analystes.

Les atouts de la Commune

Bélot, Godet, Furcy, Oblédon et Séguin forment les principaux villages de la commune. La région de Kenscoff se spécialise dans les cultures maraîchères. Elle alimente la capitale en choux, laitues, carottes, oignons, etc, des produits qui se retrouvent dans les rayons de primeurs des supermarchés.

Par ailleurs, nos voisins de la République Dominicaine envahissent le marché national de carottes et de chous, au grand dam des cultivateurs haïtiens. En outre, *Afè nèg Konbit*, une association regroupant des agriculteurs de la commune de Kenscoff, dénonce les prix exorbitants des engrais. Cette situation n'encourage pas ces travailleurs à cultiver leurs parcelles de terre.

Entre la forêt des pins à l'est et les Forts Jacques et Alexandre au nord, les agriculteurs produisent les fruits les plus succulents : fraises, pêches, loquâtes, grenadias, tamarillos. Du point de vue écologique, la *Wynne Farm*

45

introduit plusieurs espèces végétales dans la région, venues pour la plupart des montagnes de l'Amérique du Sud et de l'Asie.

Des percées

Le Ministère du Plan et de Coopération Externe (MPCE) a la responsabilité de l'aménagement du territoire. Parallèlement, des mesures ont été prises par l'état haïtien en vue de fermer ces sites. La loi du 27 août 1969 a déclaré « zone sous protection » le bassin hydrographique du Morne de l'Hôpital. L'arrêté du 17 novembre 1978 confère à celui-ci le statut d'utilité publique ; malheureusement, une période morte fera suite à ce dernier.

Jusqu'à présent, les résultats escomptés n'ont pas été atteints. Un camion, une pelle, une pioche et le travail démarre ! Dans des conditions de technicité primitives, certes, mais les retombées sont énormes. Une chose est certaine : l'augmentation de la population et de ses besoins exerce une pression sur l'environnement, à en croire les études réalisées par l'Agence Canadienne de Développement International.

De toute façon, il faut agir vite, pour freiner ces entailles inesthétiques faites sur les sites des carrières exploitées car elles détruisent le beau paysage de cette région tant prisée des touristes locaux et internationaux. Toutefois, si vous avez l'intention d'y faire une visite, vous trouverez de quoi vous régaler : « *griyo ak bannann peze fè Kenken.* »

Jésula PROPHETE

Texte 9

Rex Théâtre agonise

La grande salle du Rex Théâtre *dispose à présent de deux fonctions essentielles. Depuis le 1er mars 2007, pas un seul film haïtien ou étranger n'a été à l'affiche. Cette date marque un arrêt total d'exploitation de films en salle. Une décision lourde de conséquences et, du même coup, avantageuse pour le survi de ce patrimoine.*

Ce grand édifice, vieux d'une cinquantaine d'années et placé au cœur du Champ de Mars, n'attire plus les cinéphiles. Il n'y a presque plus d'engouement à venir passer du bon temps au *Rex*. Cet état de fait a poussé son gérant à fermer momentanément boutique. À l'entrée sud du bâtiment, la barrière principale est fermée à double tour ce mercredi, ainsi que nous l'avons constaté. Et pas de *billboard* placardé à chaque coin de mur annonçant d'habitude les têtes d'affiche du Septième Art.

À l'intérieur, la situation n'est guère différente, à quelques détails près : les quelques rares employés non licenciés essaient de redorer le blazon de l'espace, histoire de mettre la clientèle ciblée dans l'ambiance du renouveau et d'aiguiser son appétit. Cet espace doté de 860 places assises est désormais exclusivement réservé à l'organisation de grands concerts et de cérémonies de remises de diplômes.

Situation oblige : puisque le *Rex Théâtre* se trouve au bord de la faillite, les recettes provenant des films, qui constituaient autrefois plus de 60% de la rentrée globale de l'entreprise, n'en ont même pas atteint le tiers désormais. Devant ce constat alarmant, il faut vite agir pour sauver ce qui peut l'être, dit Mario Célestin. Dans cette intention, les responsables ont adopté des mesures très impopulaires, jusqu'à la mise à pied de quelques employés.

Quelques conséquences immédiates

L'arrêt de l'exploitation des films au *Rex Théâtre* n'est pas sans conséquences sur le personnel administrant de ce dernier. Au total, sept employés ont été licenciés malgré plusieurs années de collaboration. Malheureusement, ces licenciements viennent rallonger la liste des chômeurs. Ils affectent entre autres deux hôtesses, une caissière, un opérateur et trois autres employés.

Rex Théâtre et son passé glorieux

Construit par un architecte italien en 1935, cette unique salle de spectacle a vu défiler de grandes pointures, tant de la musique que du cinéma, du théâtre et de la danse. Les troupes Langlichatte, Viviane Gauthier, Jean Gosselin et Régine Morose Trouillot ont gravi tour à tour les grandes marches du *Rex*. Et ce n'est pas tout : des artistes de mini-jazz tel Nemours Jean-Baptiste et les ambassadeurs ont révélé en ces lieux bien des petits secrets de leur savoir-faire.

Les cinéphiles ont été servis. Ils ont fait la découverte de quelques longs métrages ayant marqué les années 1959. On peut citer par exemple *Sissi l'impératrice, Un homme pour l'éternité, les dix Commandements*, etc. Ces projections drainaient un public avide de plaisir. Le *Rex Théâtre* a donc marqué son temps. En comparaison, les affaires du *Capitole* et de *l'Impérial* ne sont guère fructueuses.

L'avenir du *Capitole* et de *l'Impérial* menacé

Sans exagération aucune, le PDG de *Capitole SA* se montre très pessimiste. L'avenir du cinéma en salle est très menacé. Avec une émotion perceptible dans la voix, il expose ses plus vives inquiétudes. Depuis 2003, il dit avoir constaté une baisse relative du nombre de personnes fréquentant les salles de cinéma de *l'Impérial* et du *Capitole*. L'insécurité grandissante, le piratage des DVD et l'ouverture de plusieurs chaînes de télévision seraient, en toute logique, à l'origine de cette situation, s'empresse-t-il de faire savoir. Pour reconquérir cette clientele friande de films nouveaux, il faut coûte que coûte investir dans ce secteur.

Jésula PROPHÈTE

Texte 10

Douleur, rage, amertume...

Tôt ce samedi matin, un attroupement de jeunes défile sur l'autoroute de Lalue. Adeptes pour la plupart du style «pantalon camouflage et tatouage sur le biceps », « boucle d'oreille» ou encore «croix gammée et coiffure à l'Africaine», ils sont légion à venir rendre un vibrant hommage aux artistes de Barikad Crew.

Fièrement, ils aborent les couleurs du groupe BC : blanc et rouge. Pantalon rouge et maillot blanc sont en principe leurs tenues vestimentaires. Tous se donnent rendez-vous au Kiosque Occide Jeanty ou s'exposent les six cercueils qui sont à l'origine de ce branle-bas.

La mort de Jean Walker Senatus dit Katafalk et consorts fait surgir de vives émotions au sein de la jeunesse. Cette souffrance éprouvée par la disparition brutale suscite des inquiétudes parmi les fans les plus fervents du rapp.

Faire le deuil de ces stars entraîne aussi toutes sortes d'euphories. C'est un couloir qu'on doit tous traverser. Cependant, tout le monde n'a pas les mêmes pulsions et l'intensité diffère d'une personne à l'autre. Le choc, le chagrin, la colère et l'amertume sont les émotions les plus visibles sur chaque visage.

Occide Jeanty, premier témoin

7 h 10. Devant le kiosque *Occide Jeanty*, où se sont réunis les membres de la famille en attendant la formation du cortège, la foule s'assemble. Une nouvelle manifestation se

51

produit aux cris de « *Vive Haïti* ! *Vive Barikad Crew* » ! Cet élan d'affection envers les rappeurs provoque alors de grands frissons dans la foule.

En fait, il est impossible de rendre l'impression que donnait ce cortège en passant dans les rues de Port-au-Prince. Sur les trottoirs, aux fenêtres des maisons, sur les arbres plantés au Champ de Mars, sur les terrasses et jusque sur les toits, le public, calme, recueilli, ému, s'exprime, chacun à sa façon.

La rage au cœur

8 h 10. La longue attente a donc commencé pour Brigitte, fan de *Barikad Crew*. À chaque minute, elle prie et espère qu'un miracle se produira. Par exemple, que l'on puisse extirper le corps vivant de ses idoles hors de ces cercueils.

« *Voilà que je me retrouve à pleurer une énième fois. À vrai dire, je ne sais plus qui je pleure : Katafalk, Déjà Voo, Nathalia ou Dade* « soupire-t-elle. Ses larmes sont confuses. Son cœur en morceaux n'arrête pas de maudire le Ciel.

Entre-temps, les cris percants des autres fans la terrorisent. Ce calvaire indicible la met hors d'elle. À chaque fois que le DJ gratifie le public d'un extrait de l'album *Barikad*, l'envie de vomir sa peine et de crier sa douleur se fait sentir. Au bout d'une demi-heure, elle s'est subitement jetée au sol. Ne pouvant plus contenir ses émotions, Brigitte s'est évanouie. Ouf ! Une situation qui fait de nouveau crépiter les flashes des photographes.

Ses amies essaient vainement de la ranimer. « *Fwote, fwote anyen pa mache.* « Le cœur de Brigitte a peut-être lâché. Impuissants, ses proches font appel au brigadier de la

Croix Rouge... Entre-temps, une demi-douzaine de jeunes filles rejoignent Brigitte dans le même et semblable état.

La douleur dans les veines

Contrairement à Brigitte, Rony a l'air plus slow. La rougeur de son oeil gauche et ses éclats de rire spontanés sont les seules anomalies constatées.

Cependant, le dessous cache bien des choses. Pour affronter la douleur causée par cette perte, Rony se nettoie l'esprit en sniffant de la colle. L'effet est aphrodisiaque ; même la sexualité n'est en rien comparable à ce plaisir, dit-il en courbant à nouveau la tête pour renifler sa drogue dans la petite bouteille en plastique dissimulée sous son large maillot blanc.

Les autres amis de cet adolescent sont beaucoup moins discrets. Bouteilles « *asòsi* « en main, un petit coup de temps à autre permet de retenir les larmes, laissent-ils croire.

Amertume

Cette tragédie est d'une saveur aigre pour cette mère de famille, voisine de *Papa K-tafalk*. Nicole habite depuis une quarantaine d'années la rue Nicolas, quartier général du groupe. Tout compte fait, elle a vu grandir le lead vocal de BC. Pendant qu'une marée humaine a envahi le Champ de Mars, elle-même est restée clouée à son fauteuil. Sa sensibilité l'immobilise. Elle refuse de voir partir le corps en lambeaux de ses protégés.

« On a parfois reproché à Katafalk des prises de positions tranchées ou tranchantes. Non seulement il les assumait, mais il les revendiquait. C'était un homme de

53

parole, un guerrier, un combatant. Au-delà de ses engagements, ce qu'il défendait avec passion, me semble-t-il, c'est notre droit à la vie. Il fut un homme exigeant, toute forme de lâcheté l'irritait » lâche cette femme en sanglotant. Depuis le sinistre, Nicole n'a rien avalé : ses tripes ne digèrent plus aucun aliment.

De 6 heures du matin à 9 heures du soir, ce fut au Champ de Mars un long pèlerinage patriotique. Les BC sont les vraies idoles de la jeunesse. Exclusivement de sexe masculin, ils sont de véritables héros populaires. Par leur origine sociale modeste, ils sont devenus des stars médiatiques grâce à un talent et à une présence scénique spectaculaire. Ils se comportaient sur scène comme des « volcans sonores », avec un jeu scénique démesuré et une virtuosité hors du commun.

Jésula PROPHÈTE

Texte 11

Femmes battues : crainte et silence

Une petite baffe pour un mot jugé de trop, des coups de poing, des coups de pied, des menaces de mort figurent au catalogue de la violence faite aux femmes en Haïti.

Plus de 395 femmes ont été violentées physiquement au foyer, durant le début de l'année 2006 en Haïti. Un crime vieux comme le monde, et dont les dimensions ne sont pas mesurées : cette violence est masquée par la crainte et le silence des victimes.

Il est six heures a.m. Les rues du quartier Villemenay à Bois Verna sont désertes. Aucune âme ne circule. Tout à coup, une femme en pyjama, pieds nus, sort en courant d'un immeuble. Elle pousse des hurlements. Tout le voisinage est alarmé. Des têtes se penchent par les fenêtres. Les gardiens de voitures et les concierges se précipitent vers elle pour avoir de ses nouvelles.

À peine ont-ils eu le temps d'arriver à son chevet qu'un homme surgit du même immeuble, la rattrape. Il la tire par les cheveux et la met à terre, tout en la rouant de coups. Tout le monde autour d'eux se fige. Personne n'essaie de s'interposer. Il semble que tous les présents soient insensibles aux cris de la femme.

En spectateurs, ils regardent Mme Alphonse se faire malmener. L'un des gardiens lance un regard vers l'une des voisines, affolée, avant de lui annoncer : « *Rentrons, il n'y a rien à faire. C'est son mari.* »

Ce jeune couple n'est qu'un exemple parmi tant d'autres, dans lesquels le poids des mentalités joue un rôle de premier plan.

Quand les hommes battent les femmes

Les femmes risquent beaucoup plus d'être tuées par les hommes avec qui elles vivent que par tout type de criminels réunis, selon un spécialiste.

Presque toujours, la violence intervient dans l'intimité du foyer. Là où les parents, les amis, les voisins et les autorités hésitent à pénétrer, diisait Olga Benoît, une des dirigeantes de l'organisation *Solidarité des Femmes Haïtiennes (SOFA.)*. Elle dénonce : « *Si on s'en tient aux enquêtes effectuées par le Fonds de Développement des Nations-Unies pour la Femme (UNIFEM), environ un quart des femmes dans le monde sont victimes de violence dans leur foyer. Ce chiffre est probablement en dessous de la réalité.* ».

La banque mondiale a révélé qu'entre un quart et une moitié des femmes sont brutalisées par leurs conjoints.

Une femme sur trois en Haïti est battue par son mari, indique Yolette Jeanty, de l'organisation *Kay Fanm*, autre structure (comme la SOFA) membre de la Coordination Nationale de Plaidoyer pour les Droits de la Femme (CONAP).

Les actes de violence font partie du contexte socio-culturel haïtien, déplore la militante. La peur des représailles, les tabous entourant les questions sexuelles sont des points à considérer.

Ce comportement résulte d'un ensemble de caractéristiques d'ordre social, économique et politique, note la ministre haïtienne à la Condition Féminine et aux Droits des Femmes, Adeline Magloire Chancy, s'exprimant à l'occasion du 8 mars 2006, Journée Internationale des Femmes.

Analphabètes, dépendantes matériellement de leurs conjoints, beaucoup de femmes haïtiennes se sentent incapables de s'assumer.

Trop longtemps occultée par le poids des traditions et des préjugés, la violence faite aux femmes est masquée par la complicité et le silence des victimes.

Les violences sont multiformes...

Mépris, refus de communiquer, dénigrement, humiliation et blâme forment le tableau. La violence au foyer commence fréquemment par l'isolement de la femme. Elle se poursuit par des agressions verbales. Cette violence est d'ordre psychologique.

Les violences physiques consistent à infliger sciemment des souffrances physiques, telles bousculade, blessures graves, gifles, morsures et brûlures.

La violence exercée sur les femmes peut être également d'ordre sexuel ou financier.

Preuve d'amour ?

Constat encore plus déstabilisant, certaines de ces femmes considèrent la violence physique comme une preuve d'amour. « *Depi li pa fè jalouzi pou ou, li pa bat ou, li pa renmen w* », a dit Mme Alphonse à sa confidente.

Les conclusions sont parfois stupides et déniées de tout bon sens, fait valoir Olga Benoît. Ce témoignage est troublant, dit-elle. Cela complique la situation du non-respect des droits de la femme.

Une enseignante se souvient :

« J'étais paralysée par la peur. Je ne savais pas quel prétexte il allait trouver pour me tomber dessus. Ça pouvait être un mot de trop, des ustensiles traînant à la cuisine, etc... »

Nombre des femmes battues évoquent ces mêmes causes.

Mme Alphonse se sent continuellement coupable. Sa mère lui reproche sans cesse d'avoir provoqué son mari.

« Ki move pawòl, ou te di l. Li pa rete konsa pou vide baton sou ou. Ou fè l on bagay ! *«* lui dit sa mère sur un ton accusateur.

Mme Alphonse essaie d'expliquer maladroitement le malentendu à sa mère. Les membres de la famille ou des amis cherchent à justifier le comportement du mari.

Ce raisonnement revient à accuser la victime et à innocenter l'agresseur.

D'autres femmes, se trouvant dans cette même situation, affirment tout bonnement que c'est leur destin.

Au vu et au su des enfants

« Elle a voulu le scandale. Eh bien, elle l'a eu ! « déclare, d'une manière théâtrale, cet homme qui vient de rouer sa femme de coups de pied.

Après avoir senti ses forces faiblir, il se lève en réajustant son tee-shirt. Puis, comme si de rien n'était, il allume sa cigarette et continue son chemin.

Non loin de là, une fille de quatre ans a suivi la scène. Sans broncher, elle a assisté à tout le spectacle. Encore sous le choc, la fillette pleure en silence par compassion envers sa maman. Ce n'est pas la première scène violente dont elle a été témoin.

Toute la nichée se trouve alors en péril.

Des millions d'enfants partagent cette existense dangereuse entre un père violent et une mère souffre-douleur, d'après un rapport du Fonds des Nations-Unies pour l'Enfance (UNICEF).

Il s'agit là d'un danger psychologique, bien entendu.

« Si je laisse mes enfants, qu'en dira-t-on ? » : telle est la toute première réflexion.

Non seulement les femmes ont du mal à s'en sortir seules, mais encore la responsabilité confiée par la société aux femmes, les charges familiales qu'elles endossent, notamment l'éducation des enfants, les rendent prisonnières d'une situation sans issue.

Le vécu des situations

«C'est le père de mes enfants. Il ne saurait me faire du mal». C'est en ces termes que Mme Alphonse a résumé sa situation.

La dépendance émotive et matérielle des femmes violentées envers leurs partenaires rend la décision de séparation difficile.

Dans l'intervalle, le temps passe, la violence change de phase, passant du stade de rémission à l'éclatement du foyer.

« Souvent, elles ont déjà tenté de quitter leurs maris. Mais elles sont retournées auprès d'eux en espérant qu'ils changeront de comportement. En général, ces retours sont des échecs. Cette décision les enfonce davantage dans le cycle de la violence », rappelle Marie Yolène Gilles du Réseau National de Défense des Droits Humains (RNDDH).

De plus, la violence nuit gravement à la santé des victimes, dit-elle. Les femmes maltraitées sont sujettes à la dépression. Troubles psychosomatiques, douleurs pelviennes chroniques sont le lot quotidien des femmes battues.

Briser le silence

En dépit des textes juridiques, les femmes agressées ont tendance à ne pas porter plainte contre leurs bourreaux. Parallèlement, devant la lourdeur de l'appareil judiciaire, elles peinent à aller jusqu'au bout. Bien souvent, leurs initiatives s'arrêtent au poste de police où leurs cas sont traités avec légèreté.

À l'occasion de la Journée Internationale des Femmes, le 8 mars 2006, plusieurs recommandations ont été faites aux autorités nationales dans le but de faire cesser la violence faite aux femmes en Haïti.

Le RNDDH préconise des mesures visant à sanctionner et à éradiquer les violences physiques faites aux femmes et aux jeunes filles. Les organisations féministes souhaitent, pour leur part, un renforcement de la lutte contre toutes les formes de discrimination à l'encontre des femmes, fondées sur l'identité sexuelle.

Les travailleurs sociaux, les juges, les policiers sont encouragés à détecter, au plus tôt, les ravages qui menacent les familles où sévit la violence.

Dans tous les milieux modestes ou aisés, de nombreuses femmes continuent d'endurer leur martyre dans la honte, la solitude et la culpabilité. Elles ne disposent pas toujours de ressources nécessaires pour organiser leur défense. Ces femmes ont besoin de structures d'aide et d'intégration sociale.

À l'aune de l'étendue et de la diversité de la violence, la lutte doit être menée à tous les niveaux : international, national, communautaire et familial.

Le bien-être des femmes est une priorité absolue dont dépend souvent celui des enfants.

Jésula PROPHETE

Texte 12

Votez au féminin pluriel

Certaines femmes, telles Mirlande Manigat, Claudette Weleigh, Michel Duvivier Pierre-Louis, Laurence Jocelyn Lassegue, Eudemonde Supplice Beauzil, pour ne citer que celles-là, ont non seulement mené une bataille politique pendant les vingt-cinq denieres annees, mais encore ont-elles occupé des postes politiques très élevés au niveau national. Par ces actes, elles ont tracé la route à d'autres, dans l'obtention du plein droit de vote et de l'éligibilté. C'est formidable ! Mais cela ne suffit pas. Beaucoup reste à faire.

Selon de recentes collectes d'analyses de données ventilées par sexe : « *Les hommes et les femmes jouent des rôles différents dans les sociétés et les institutions, telles que les forces de police et les tribunaux. Ces rôles différents font que les femmes et les hommes ont des expériences, des connaissances, des talents et des besoins différents. Ces attributs et relations sont élaborés socialement et appris par le biais de la socialisation. Ils sont spécifiques au contexte et à l'époque, donc changeants.* »

Pour comprendre ce problematique, conjointement, la fondation *Youn A Lot* a découvert, à travers des études menées sur le terrain, que « *les femmes ont, dans leur for intérieur, intériorisé beaucoup de préjugés sexistes créés dans leur société. Ce qui les pousse à croire des stéréotypes selon lesquels la politique est non seulement une affaire masculine, mais aussi celles des hommes de Port-au-Prince. Ce qui porte des femmes compétentes et d'une grande intégrité morale à hésiter à s'engager dans des partis politiques, voire à entrer en lice dans des courses électorales pour assumer des postes politiques.* »

Selon une petite enquête menée auprès de 100 étudiantes des universités privées et publiques de la capitale, plus que 68% d'entre elles refusent de rejoindre les partis politiques où il n'y a pas de place pour la promotion des jeunes cadres. Elles affirment qu'elles n'ont pas envie d'intégrer les partis politiques haïtiens. Selon elles, ç'aurait été une bonne chose de faire l'expérience des partis politiques, surtout si on veut vraiment faire carrière dans cette discipline. Mais il n'est pas toujours facile de s'engager dans les partis politiques en Haïti, affirment-elles.

Cette même étude montre qu'aussi nombreuses sont des leaders du mouvement féministe haïtien qui prônent un discours de mobilisation et d'encouragement des femmes en politique, puis, au moment des élections, font le contraire. C'est-à-dire qu'elles votent pour des hommes incompétents face à des femmes qualifiées et de haute moralité.

Le débat aujourd'hui n'est pas une affaire de quota de 30% sur les 52% de population que représentent les femmes.

La lourde responsabilité de l'électorat

La maladresse et l'inefficacité des dirigeants post-Duvalier à résoudre les problèmes de base de la fonction régalienne ont conduit à une Haïti plus pauvre qu'avant 1986. Plus de vingt-cinq ans après le départ de Jean-Claude Duvalier, le bilan est lourd. Le résultat de ceux-là qui ont dirigé Haïti a mis a jour l'incapacité de la classe politique et de ses alliés internationaux en termes de changement et de modernité. Entre-temps, pendant que Port-au-Prince est devenue aujourd'hui une ville pourbelle ceinturée de bidonvilles, le reste du pays a été abandonné à lui-même.

Oui, les élections sénatoriales, communales et locales devront avoir lieu très bientôt. Le problème principal est d'élire surtout des sénateurs dotés de grandes valeurs morales, compétents et expérimentés pour siéger au parlement. Il en est de même pour les maires dans les villes. En un mot, des hommes et des femmes qui pourront, une fois pour toutes, conduire le pays vers la modernité. Ce qui explique que les électeurs ont une lourde et difficile tâche à remplir à la fin de cette année.

Si les femmes ont besoin de la démocratie dans leur vie quotidienne, les partis politiques ont, quant à eux, autant besoin de la participation des femmes dans les affaires politiques de leurs pays. Quoi qu'on en dise, j'encourage les femmes à intégrer les institutions politiques parce que c'est uniquement à travers les partis politiques qu'on peut construire et rendre prospère la nouvelle Haïti dont rêve tout Haïtien. Si, jusqu'à présent, les femmes n'ont pas eu besoin des partis politiques, les partis politiques, au contraire, ont grandement besoin des femmes pour se développer et assurer des changements dans leurs luttes politiques pour une meilleure Haïti.

Jean-Jean Roosevelt a chanté : « *Donnez le monde aux femmes* ». Pourquoi ne pas donner Haïti aux femmes haïtiennes ? La participation politique des femmes, particulierement lors des prochaines élections, peut être une pierre angulaire pour Haïti dans le processus démocratique. Comme les femmes haïtiennes ont besoin de la démocratie dans leur quotidien, la démocratie elle aussi a besoin de plus de femmes aux affaires politiques de leur pays. Donc, le prochain scrutin doit être un vote au féminin pluriel.

Me. Jesula PROPHETE

Texte 13

Plaidoirie pour nos compatriotes de la diaspora

La diaspora haïtienne, de par sa contribution financière et son implication dans certaines organisations régionales de développement du pays, est devenue, depuis plusieurs décennies, une force implacable dans la vie économique d'Haïti. Cette diaspora, qui vit dans les grandes villes européennes, caraïbéennes et américaines, augmente quotidiennement en nombre, s'enrichit économiquement et, chaque jour, progresse en expérience et ne manque aucune occasion de formation académique.

Pour une Haïti avec une population de plus de huit millions d'habitants, certains estiment que la diaspora haïtienne compte plus de deux millions d'âmes. Cela sous-entend que plus d'un quart de ses fils résident à l'extérieur. Ce chiffre fait penser qu'en toute logique, il est impossible à tout gouvernement ou État qui veut penser au développement « *d'ignorer ou de laisser à l'abandon une tranche de sa population, sous prétexte que ces ressortissants se trouvent loin de la terre natale. Paradoxalement, cet État réclame tous les jours l'aide de ces fils qu'il prétend ne pas reconnaître.* »

La Constitution haïtienne de 1987 ne reconnaît pas la double nationalité. « *Être Haïtien d'origine et n'avoir jamais renoncé à sa nationalité* » : voilà donc les conditions constitutionnelles si on veut toutefois briguer un poste électoral comme député, sénateur ou Président de la République. Donc, si on veut être cohérent et s'acquitter de sa dette envers cette force économique, il s'avère important que les membres de la diaspora, comme cela se fait dans bon nombre de pays, aient la possibilité de jouir pleinement de leurs droits civiques et politiques.

Plus de 20 ans après le vote de la constitution post-Duvalier, la diaspora ne semble toujours avoir que « *des devoirs : envoyer de l'argent en Haïti, faire pression quand la nation est en danger face aux dictateurs et aux putschistes ou quand l'image des Haïtiens est en jeu, comme dans l'affaire des 4 H. Vingt ans après le vote de la Constitution, les problèmes demeurent entiers quand il s'agit pour la diaspora de partir à la conquête de ses droits. L'Haïtiano-américain, l'Haïtiano-canadien et tous les autres Haïtiens vivant à l'étranger ne jouissent toujours pas du droit à la double nationalité. Ils ne peuvent ni élire ni être élus. Impossible donc pour eux d'occuper au vu et au su de tous des postes électifs.* «

S'ils ne sont pas étrangers quand ils doivent apporter leur contribution économique, politiquement par contre, ils sont plus étrangers que les membres de la communauté internationale. « *Si cette diaspora doit avoir des devoirs, il lui faut aussi des droits reconnus, indiscutables, constitutionnels. Or, vu les circonstances, l'évolution du monde et la mutation de la société haïtienne elle-même, la meilleure façon pour garantir les droits et devoirs de ces deux millions, sinon plus, de Haïtiens d'origine vivant à l'étranger, est de leur accorder la possibilité d'exercer leurs pleins droits et devoirs dans un cadre non spécifique mais très bien défini, afin d'éviter tous abus. Ce premier geste de reconnaissance nationale est bien évidemment la double nationalité.* »

Pendant que le débat sur la double nationalité continue de faire son chemin, les membres de la diaspora, à travers ceux-là qui ont gardé encore leur nationalité haïtienne, doivent seulement se contenter d'un poste au Ministère des Haïtiens Vivant à l'Étranger. Mais là encore, ce poste n'est

68

pas souvent allé aux représentants réels de la diaspora. Dans presque tous les cas, le choix du ministre pouvant représenter la diaspora se porte toujours sur quelqu'un qui, non seulement ne connaît pas les problèmes des immigrants, mais pas davantage les problèmes d'Haïti. Donc, si jusqu'ici c'est à ce simple poste nominatif que doivent se résumer tous les efforts de la diaspora, les communautés haïtiennes de New York, du New Jersey, du Connecticut, de Floride ou du Massachussetts, du Canada et de la France veulent pour ministre des Haïtiens vivant à l'étranger, un représentant aussi réel que possible.

Nombreux sont ceux qui, issus de la diaspora, sans formation ni expérience, qui ont réussi à côtoyer les autorités haïtiennes et, du coup, à se frayer un chemin au sein d'un quelconque gouvernement. Ceci expliquerait leur « succès individuel » au détriment du progrès d'une communauté. Ce fait engendre deux phénomènes, aussi insipides l'un que l'autre. Le premier se présente comme un désavœu du champ de savoir et d'expérience de la diaspora ; l'autre se caractérise par une ressemblance avec le grand mangeur local.

Si un mauvais résultat ou l'implication de certains cadres de la diaspora dans la mauvaise gestion de la chose publique fait encore penser qu'ils ne sont pas capables de donner de bons résultats, il faut aussi avouer que certains dirigeants et politiciens haïtiens veulent garder au loin, en prétextant la Constitution haïtienne, les cadres compétents de la diaspora. Si les Haïtiens vivant à l'étranger ne sont pas accusés d'arrogance, certains locaux voient en eux des gens qui ne connaissent pas bien le pays.

Toutefois, en dehors des prérogatives constitutionnelles, les dirigeants locaux sont à court d'arguments quand il faut prouver que leur connaissance du pays nous mène jusqu'à présent à quelque bon port. Mais, dans ce débat, l'évidence s'oppose aux dirigeants locaux. Qui peut donc nier la discipline, la productivité, le respect des lois et toute la culture du travail qui a fait cette grande fédération des États-Unis et de ses habitants ! Bien qu'il soit faux de penser que les Haïtiens du terroir ont peur de l'implantation de cette culture en Haïti, jusqu'ici une tentative d'explication alternative reste allusive.

On ne peut pas parler de développement sans parler de ressources humaines et de cadres compétents dans les grandes affaires de l'État. Il est malheureusement établi que Haïti souffre d'une carence d'individus formés, capables ou ayant démontré leurs aptitudes sur le terrain. À l'ère de l'interdépendance où le monde est issu d'un seul village, chez nous, on prône encore l'exclusion. La bonne gouvernance ne peut prôner que l'inclusion car c'est l'unique moyen de rassembler, pour le travail, toutes les âmes capables d'une nation.

De contribuables en acteurs politiques

La diaspora est restée longtemps la vache laitière pour la République d'Haïti et pour ses politiciens. Cependant, la communauté haïtienne de l'étranger n'a jamais reçu les honneurs que suppose cette vertu. Il est rare qu'une période électorale se passe sans que la diaspora ne soit visitée par des politiciens en pleine campagne. Ils arrivent d'ici et de là pour envahir nos foyers de New York de Montréal, du New Jersey, de Miami, du Massachusetts, de Paris, laissant dans leur traîne l'amertume des fausses promesses sur l'établissement de la double nationalité ou de cet appel prochain de la diaspora pour participer aux affaires politiques et économiques. Le tableau politique actuel en dit beaucoup ! De 1987 à 2009, les débats autour de la double nationalité n'ont même pas été à l'ordre du jour au Parlement. Pour accentuer ce déni de reconnaissance, le mois d'avril 2007 a apporté le comble.

Le Parlement haïtien est alors parvenu, contre toute logique, à écarter une mesure qui faciliterait le retour en Haïti de cadres compétents et se réclamant de sentiments aussi patriotiques que les dirigeants locaux. Députés et sénateurs devraient voter un accord de prêt de 10 millions de dollars américains facilitant les cadres de la diaspora à entrer en Haïti pour œuvrer à la technologie et à la gestion des institutions publiques. À ce sujet, les parlementaires étaient divisés.

Nous, Haïtiens de la diaspora, n'avons jamais manqué l'occasion d'être à l'avant-garde de la lutte contre les dictatures, les violences et abus des droits humains ou des interventions externes. Que ce soit contre Jean-Claude Duvalier, Cedras ou Aristide plus récemment, nous étions au pied des Forts, à prouver encore nos capacités et notre loyauté incontournable envers notre chère patrie.

Selon Abel Decollines, « *la diaspora haïtienne participe à la survie de son pays d'origine ; elle injecte, par ses transferts d'argent, la plus importante source de devises dans l'économie nationale. Elle apporte, sporadiquement, son soutien au processus de « transition démocratique. »* À *diverses occasions, elle s'est présentée comme une véritable société civile à l'étranger, alors que celle de l'intérieur ne pouvait pas jouer pleinement son rôle, ce fut le cas entre 1991-1994 ».* Donc, l'apport politique de la diaspora reste soudé à sa contribution financière. Cette dernière est d'autant plus importante qu'elle jouera le rôle de levier si enfin les Haïtiens de l'étranger veulent se réunir en parti politique pour réinventer Haïti en prenant ses rênes.

Qu'en est-il des lois de la Constitution, qui empêchent les candidats de la diaspora de participer aux élections ? Nous ne voulons pas d'exception ! 1987 a apporté le malheur. Il faut le réparer. Nous voulons des droits égaux car nous sommes Haïtiens. Nous voulons changer le pays car nos fils et nos filles sont Haïtiens. Nous voulons une Constitution qui nous reconnaît ainsi que nos enfants car nous sommes capables, comme nous l'avons démontré dans certaines grandes communautés de l'étranger, d'apporter un soutien efficace à notre patrie.

Prof. ESAÜ Jean-Baptiste

Texte 14

LA DIASPORA : oxygène qui permet à Haïti de respirer économiquement

Après chaque crise politique, coup d'État ou bouleversement social, on fait toujours appel à la communauté internationale. Elle apporte son soutien au semblant programme visant au respect des droits humains ou aux reformes institutionnelles du pays. En un mot, des programmes de coopérations sont signés entre Haïti et les gouvernements nationaux ou locaux. Pour solutionner certains problèmes sociaux, des dons et des prêts se sont aussi fait. Malheureusement, tout cela n'est pas suffisant pour faire bouger la nation économiquement. N'en parlons pas de l'apport de l'État haïtien. C'est la diaspora, par l'envoi de transferts quotidiens qui permet aux familles haïtiennes de respirer economiquement.

Le soutien de la communauté internationale ne se limite pas seulement aux interventions des forces de maintien de la paix, comme dans le cas de la MINUSTAH. Depuis plusieurs années, plus de 50% du budget national d'Haïti dépend considérablement de l'aide de la communauté internationale. *Elle apporte beaucoup. En depit de la misère et de la pauvreté du peuple haïtien, ce n'est pas un secret que la communauté internationale a toujours manifesté ses bonnes intentions vis-à-vis de Haïti et a œuvré pour le bien-être des défavorisés*, disait un ancien diplomate en retraite á Washington. S'il en est ainsi, qu'en est-il des transferts venant des Haïtiens de la diaspora qui constituent une source de revenus tellement importante que le pays ne peut s'en passer ? Selon un rapport de la Banque Internationale de Développement (BID) qui, à partir des informations

73

recueillies via les maisons de transferts de la place, les transferts d'argent vers Haïti ont atteint 1.8 milliard de dollars en 2008, alors qu'en 2006, ils étaient de l'ordre de 1.6 milliard.

Qu'en est-il de l'argent envoyé par le biais des parents ou des amis en voyage ? *Air France assure 5 à 7 vols par semaine. Il y a aussi les vols de Miami et des Antilles Françaises. American Airlines est passé de 2 vols quotidiens à 3 vols, tout en maintenant sa fréquence quotidienne vers Fort Lauderdale et New York. Copa Air, de son côté, a doublé ses fréquences vers Panama en passant de 2 à 4 vols par semaine. Air Canada maintient par contre une seule fréquence hebdomadaire sur Montréal tandis que Air Transat a doublé sa capacité en opérant un second vol. Pas de changement non plus du côté de Insel Air qui dessert Curaçao et Saint-Martin et d'Air Caraïbes, également vers Saint-Martin et les Antilles Françaises en faisant une escale à Santo Domingo*, note un article daté du 15 Juin 2009 publié dans les colonnes du *Nouvelliste*.

Supposons que chaque vol contienne deux cents passagers, ce qui nous donne en moyenne mille personnes par jour qui foulent la piste de l'Aéroport de Maïs Gâté. Disons que cent d'entre eux sont des étrangers qui viennent au pays soit en voyage d'affaires, soit pour d'autres motifs. Le reste est indiscutablement composé de touristes locaux venant des communautés haïtiennes de la diaspora. Imaginons que ces neuf cents compatriotes de la diaspora rentrent avec un minimum de 1000 dollars. On n'a pas besoin d'être trop calé en arithmétiques pour calculer la somme de devises apportée au pays journalièrement par les Haïtiens vivant á l'extérieur. Un montant supérieur ou égal à 900 000 dollars peut donc transiter. Par conséquent, quand la BID dit 1.8 milliard de dollars, cela concerne seulement les transferts, mais on peut, à partir des voyages quotidiens des Haïtiens, avoir une idée des devises qu'ils apportent au pays. Dieu seul sait à combien se monterait le taux des dollars américains en devises, si toutefois ces fréquentes visites des haïtiens de la diaspora n'avaient pas lieu... !

Ce n'est pas sans raison que, durant la bataille de trois ans pour le retour à l'ordre constitutionnel contre les putschistes du coup d'État de 1991, l'administration du Président Bill Clinton avait pris des mesures limitant à un individu le droit d'envoyer seulement $50 en Haïti. Cette mesure ne servait pas à punir les familles haïtiennes qui étaient déjà en proie à des difficultés économiques dues à l'effet de l'embargo, mais seulement à limiter les auteurs du coup d'État en devises, parce que les transferts de la diaspora étaient et sont encore une source importante de revenus économiques pour Haïti.

L'industrie touristique et la diaspora haïtienne

Généralement, le touriste part à l'aventure pour découvrir des œuvres d'arts, des vestiges d'anciennes architectures, des plages, déguster d'excellents plats, faire des recherches littéraires, culturelles aussi bien qu'historiques. Mais pour que le visiteur soit satisfait et ait envie d'y retourner, il faut que des hôtels soient situés du côté des aéroports aussi bien qu'au bord de la mer, que des centres modernes répondent aux normes touristiques internationales, sans oublier les plages, les moyens de communication et de transports accessibles, etc.

Tel n'est pas le cas pour Haïti. Pendant que des dirigeants d'autres pays profitent des avantages physiques qu'offre la nature pour construire des chaînes d'hôtels ainsi que des routes et autres infrastructures pour relier leurs capitales au reste de leur pays, Haïti reste malheureusement le pays où les autorités abandonnent les bords de mer et les plages aux bidonvilles. En termes d'attente et de demande, les touristes sont exigeants. Haïti est un pays qui compte moins de 15000 chambres d'hôtel, dépourvu de l'électricité et où les moyens de déplacement font défaut. En un mot, aucune infrastructure ne convient aux exigences modernes, donc Haïti n'attire pas vraiment les touristes étrangers. Pendant les deux dernières décennies, l'industrie haïtienne du tourisme a connu un sérieux déclin, à en croire Pierre Chauvet, directeur de l'Agence Citadelle.

Ajouté à cette carence d'infrastructures qui ne peuvent pas, comme les mauvaises herbes, pousser ou se développer à elles seules, existe aussi le problème de l'insécurité qui, depuis quelque temps, place Haïti dans une mauvaise position pour attirer les touristes. Quand l'insécurité bat son plein et que les crises politiques perdurent, on conseille souvent la prudence aux cadres et coopérants non seulement résidant au pays, mais aussi á ceux qui pensent visiter Haïti. En un mot, les gouvernements des pays amis recommandent toujours à leurs compatriotes, en attendant une meilleure stabilité, de ne pas voyager en Haïti.

Quand ça tourne mal, c'est sur les touristes de la diaspora que repose l'industrie touristique du pays. À titre d'exemple, même pendant le boycott du coup d'État (septembre 1991-octobre 1994), des centaines de compatriotes de la diaspora étaient rentrés massivement au pays.

Pendant les fêtes patronales et carnavalesques, particulièrement fin decembre et aux vacances d'été, les Haïtiens de la diaspora arrivent un peu partout pour voir des amis, des membres de la famille et surtout revivre leurs plus beaux souvenirs d'enfance. On se demande certaine fois pourquoi ils sont venus. Qu'est-ce qu'ils sont venus chercher ? Ils rentrent et, pendant des semaines, ils vont sur les plages et mangent les délicieux fruits et plats créoles du pays. Ils se sont risqués sur les routes nationales soit pour aller voir des membres de leurs familles, soit pour danser dans les fêtes patronales. Ils le font sans complexes parce qu ils sont chez eux. « *Les avions se remplissent, la diaspora débarque à l'aéroport International Toussaint Louverture qui reçoit déjà environ cinq cent mille passagers débarquant et un peu plus à l'embarquement chaque année devrait ainsi ressentir les bienfaits de cette augmentation du trafic, à la grande satisfaction des institutions jouissant des retombées financières immédiates. Les recettes liées aux droits d'atterrissage, aux communications, aux redevances de départ, de sécurité, de tapis roulants, d'utilisation de chariots à bagages etc, devraient ainsi augmenter proportionnellement, Le Trésor Public recevant évidemment sa part pour aider à couvrir les dépenses de l'État* « (*Nouvelliste* 15 juin 2009).

Ajouté à cela, un élément nouveau demande aussi à être pris en compte à chaque fois qu'on veut parler des apports économiques de la diaspora. Phénomène nouveau mais qui a toute son importance. C'est l'affaire d'ajouter des minutes sur les téléphones de proches parents et amis, etc... Même le résident chômeur aux États-Unis n'éprouvera pas de grandes difficultés à placer des unités pour seulement 10 dollars sur les téléphones de ses proches. Selon une petite enquête menée au près des parents et amis vivant à New York, en Floride, au Massachussetts et au New Jersey, sur 50 personnes questionnées, 30 dépensent en moyenne 40 dollars de carte de recharge par mois, alors que 15 d'entre elles disposent en moyenne de 20 dollars par mois pour cette transaction. Et le reste (5) le fait occasionnellement pendant les fêtes de fin d'année.

Ce que les autres pensent de la diaspora haïtienne

On peut donc tout dire et écrire, mais ç'aurait été un travail inachevé si toutefois on ne faisait pas mention de ce que les autres pensent de la diaspora. Lors d'une allocution de l'ancien ambassadeur des États-Unis en Haïti, Janet A. Sanderson, au forum de reconnection de la diaspora haïtienne en date 12 juillet 2006, elle déclara que « *Les États-Unis restent toujours engagés en Haïti. Le gouvernement des États-Unis aura accordé une assistance de plus de 500 millions de dollars à Haïti depuis la fin de l'année 2004 jusqu'à la fin de cette année. Nous appuyons le gouvernement élu dans le cadre des défis énormes dont il aura à faire face alors qu'il travaillera en vue de fournir des soins de santé, l'éducation, la sécurité, et les emplois. Mais nous ne sommes pas seuls. La diaspora haïtienne constitue une ressource énorme pour nos deux pays. Vous de la diaspora, vous n'envoyez pas seulement de l'argent pour un montant d'un milliard de dollars chaque année, vous aidez également votre pays Haïti, en construisant ou en rénovant des écoles, des cliniques et des hôpitaux, en créant ou en faisant des dons aux organisations de charité.* »

Tout récemment, en se referant à la communaute haïtienne, lors du 2ème Congrès de la diaspora du 6 au 9 août 2009 en Floride, l'ancien président américain Bill Clinton a déclaré : « *Haïti a besoin de vous maintenant, et Haïti peut recevoir votre aide* » (*Nouvelliste*, 10 aout 2009).

Si les constituants de 1987 avaient, émotionellement, fait du tort en plaçant à l'écart des affaires politiques tous les Haïtiens qui avaient acquis d'autres nationalités, c'est le moment, avec la recommandation de la commission travaillant sur la constitution, de les intégrer si, toutefois, on veut parler de reconstruction et de developement durable. Les exemples des autres pays qui ont opté pour la double nationalité et l'intégration de leurs ressortissants en terres étrangères sont là pour le prouver. De toute façon, quoi que l'on puisse dire ou penser du récent vote, un pas important vient d'être franchi avec ces Messieurs-dames les parlementaires de la 48ème, mais tout n'est pas fini. La communauté haïtienne en diaspora reste encore vigilante et attend que les parlementaires de la 49ème se prononcent sur le problème de la double nationalité.

Prof. ESAU Jean-Baptiste

Texte 15

La diaspora, un secteur-clé dans la reconstruction de Haïti

Depuis quelques semaines, beaucoup se posaient des questions autour de la « Commission de Reconstruction d'Haïti ». Les questions sont plus pertinentes les unes que les autres. Quel est son vrai rôle ? se demandaient certains. Pour d'autres, pourquoi il y en a plus d'étrangers que de Haïtiens qui sont membres? Maintenant, avec une quantité numérique supérieure aux Haïtiens à la tête de la commission intérimaire, d'autres parlent déjà d'Haïti sur tutelle. En général, quelle est la vraie mission de cette commission et qu'est-ce que Haïti peut en tirer de positif ? La diaspora haïtienne aura-t-elle un rôle important à jouer dans la reconstruction du pays ? Autant de questions pour autant de réponses. Autant d'inquiétudes qui demandent à être analysées.

Construire la paix en Haïti : inclure les Haïtiens de l'étranger, titrait un texte de la communauté internationale sur le rapport Amérique Latine/Caraïbes en date du 14 décembre 2007. Ce même rapport de « synthèse et recommandations « dans le premier paragraphe (page 1) continue pour dire que « *l'inclusion dans la destinée du pays des quelque trois millions de Haïtiens qui vivent à l'étranger, à condition qu'elle se fasse dans le cadre d'une initiative d'envergure s'inscrivant dans la durée, pourrait permettre de dépasser l'historique sentiment de méfiance que les Haïtiens nourrissent à l'égard de l'extérieur, d'avoir accès à une classe moyenne qui fait défaut en Haïti et d'aider ce pays à échapper a son statut d'État fragile »*

Avant le 12 janvier, les experts de la communauté internationale arrivaient à cette conclusion que seule une bonne inclusion des cadres de la diaspora peut aider ce pays à sortir de son état fragile pour prendre le chemin de modernisation et de développement durable. Après le 12, pour un pays qui avait déjà connu une carence de cadres, ajoutez à tout cela les victimes du tremblement de terre ou ceux qui sont forcés de quitter le pays, c'est le moment ou jamais de penser à l'inclusion des cadres de la diaspora qui ont toujours voulu et veulent encore retourner au pays.

Ils sont nombreux, ceux-là qui sont victimes du séisme du 12 janvier. Selon des chiffres officiels, il y eut plus de 200000 sont morts, 300000 blessés et, plus de 1000000 de sans abris. Ils vivent dans les rues, sous les tentes pendant cette saison pluvieuse. Tel est le lourd bilan du tremblement de terre. Cependant, le pays ne pleure pas seulement la mort de toutes ces victimes, mais il souffre aussi du déplacement de ses cadres vers d'autres horizons. Les bureaux de l'immigration du Canada et des États-Unis peuvent témoigner du nombre de cadres qui, de transit en République Dominicaine, sont arrivés soit au Québec, soit en Floride et à New York.

Ils étaient au nombre d'une cinquantaine de professionnels, tels que médecins, professeurs d'université, avocats, ingénieurs, journalistes et cadres des partis politiques qui se sont présentés à notre bureau à Brooklyn, New York, pour demander des conseils sur les nouvelles lois de l'immigration. Dans une réunion communautaire sur la problématique d'Haïti et participation de la diaspora à Boston (Massachusetts), j'ai eu la chance de rencontrer une dizaine d'étudiants issus, aussi bien que des professeurs, des universités privées et publiques de la capitale. Au téléphone, un ami professeur qui se trouvait dans l'État de la Floride eut à déclarer : « *Je ne savais pas, après toutes les crises politiques que connait le pays pendant les 25 dernières années, qu'on pouvait en arriver là* ».

82

Le jeudi 14 janvier au soir, soit deux jours après le séisme, encore au téléphone, un ancien sous secrétaire d'État du gouvernement de Madame Pierre-Louis m'avait déclaré d'une voix triste : « *Ezo nou pedi anpil kad de valè ak anpil etidyan nan inivesité nou yo* ». Nous avions pleuré et nous continuons encore à penser aux pertes de toutes ces valeurs. Mais Haïti ne doit pas périr. La diaspora est là, non pas pour prendre la place de ces cadres, puisqu'ils sont irremplaçables, mais juste pour apporter sa contribution au processus de reconstruction du pays.

« *La diaspora est prête à aider Haïti mais elle a besoin pour cela de l'assistance du gouvernement pour éliminer les barrières formelles et informelles qui limitent encore son plein engagement. L'inversion de la fuite des cerveaux ramènerait au pays plusieurs centaines de professionnels qualifiés et élargirait grandement les capacités de gestion de la nation. Mais pour tirer le meilleur parti de ces opportunités, le gouvernement doit expliquer clairement aux secteurs clés de la société et au public en général le bien-fondé d'une politique d'encouragement au retour* », lisait-on dans le même rapport. L'inversion de cadres compétents de la diaspora ne doit pas être seulement l'affaire du gouvernement haïtien.

La communauté internationale doit accompagner leurs paroles aux actes. Vous êtes-vous jamais demandé pourquoi il n'y a pas tellement ou presque pas de cadres de la diaspora dans des postes clés des organisations internationales en Haïti ? Ces postes-là sont toujours réservés aux experts étrangers qui, pour certains, ont étudié dans les mêmes universités étrangères que les cadres haïtiens de la diaspora. Si on veut vraiment aider Haïti à se reconstruire, il faut le faire avec les experts de la communauté internationale, les cadres locaux aussi bien que ceux de la diaspora. Ces derniers connaissent bien la culture et la réalité politique du pays. À côté des cas exceptés des mauvaises expériences des gens de la diaspora dans les affaires politiques du pays pendant les 25 dernières années, il existe de très bons techniciens de la diaspora sur qui on doit compter pour une reconstruction et le développement durable d'Haïti.

Si c'en est le cas, pourquoi ne sont-ils pas revenus après le 12 janvier ? Qu'est-ce qui les empêche d'être au pays ? À part les médecins et infirmières, s'ils se sont manifestés, c'est seulement comme des volontaires dans des organisations humanitaires que l'on a retrouvé ces cadres. Comme ils étaient des simples volontaires pour une cause haïtienne qu'ils connaissent bien et pouvaient apporter d'importantes contributions, quoique malheureusement limitées en termes de temps et de postes, ils sont déjà retournés dans leurs demeures respectives. C'est cette disparité qui existe dans des postes entre les experts étrangers et les cadres de la diaspora, qui nous ont poussés à effectuer l'étude qui suit.

Sur un échantillon de 100 cadres haïtiens, dotés de compétences allant de la simple licence au doctorat et questionnés au Canada et aux États-Unis (New York, Floride, Massachusetts, New Jersey et Illinois), 89 d'entre eux ont toujours voulu et veulent encore revenir. Parmi ces 89 professionnels de la diaspora, 27 avaient des dossiers en attente avant et après le séisme, pour des positions postées par des organisations de la communauté internationale. Ironie dans tout cela, pendant que la MINUSTAH et le gouvernement haïtien parlaient chaque jour de problèmes d'insécurité dans le pays, 12 professionnels dans des domaines comme la sécurité et la justice criminelle ont fait des études à *John Jay College* à Manhattan, New York ; pour la plupart des policiers, ils voudraient revenir et offrir leurs services à leur pays. 14 autres déclarent qu'ils sont allés s'établir en Floride avec les membres de leurs familles de façon à être plus près de leur terre natale. 31 ont encore gardé leur nationalité haïtienne. Et le reste (5) se sont rendus en Haïti immédiatement après le 12 janvier pour offrir, dans le cadre humanitaire, leurs services comme volontaires à des organisations internationales.

Depuis quelques semaines, à travers des réunions locales et internationales, on parlait de reconstruction d'Haïti. Cette reconstruction concernera-t-elle seulement les bâtiments publics comme le Palais national, le Parlement, les Ministères, les églises, hôpitaux, écoles, universités, etc, qui ont été touchés par le séisme ou veut-on construire un pays qui répond aux normes internationales de développement ? Si oui, cela impliquerait des infrastructures qui peuvent résister à tout éventuel tremblement de terre, aussi bien que la décentralisation des services publics et la création d'infrastructures pour investir. Haïti a raté tellement d'occasions historiques et d'opportunités que le peuple haïtien est aujourd'hui devenu perplexe et méfiant au sujet de ce que peuvent et veulent vraiment faire les experts de cette communauté internationale, aussi bien que les dirigeants de Haïti, en termes de modernisation et de développement durable.

Reconstruire un pays capable d'encourager les investisseurs

Le peuple haïtien ne demande pas de la charité. Il veut des emplois pour aider leurs familles. De toute façon, les investisseurs 'ne sont pas des philanthropes qui rentreront au pays pour faire des dons ou des œuvres charitables. Comme les touristes, ils sont très exigeants. Ils viendront au pays pour investir et faire le maximum de profit sur chaque dollar investi. Donc, on doit les inciter à venir. Pour y parvenir, l'État haïtien et la communauté internationale, dans leur projet de reconstruction, doivent créer un climat incitatif pour qu'enfin les investisseurs puissent venir au pays et investir, d'où la nécessité d'une politique stable et sécuritaire. Une fois le pays stabilisé, l'État, à travers ses agences gouvernementales comme les ambassades, consulats et le Ministère des Haïtiens Vivant à l'Étranger entreprendra une campagne massive de promotion, c'est-à-dire qu'il présentera Haïti différemment à l'échelle internationale.

L'idée du pays instable, des chimères ou des zenglendos doit, aux yeux des investisseurs, doit avoir un autre visage. La presse internationale doit cesser de présenter Haïti comme le pays le plus pauvre de l'hémisphère. Comment pourrait-on demander à des investisseurs de venir s'investir au pays si les autorités de ladite « commission intérimaire de reconstruction », dans leur programme, n'offrent pas á ces derniers des opportunités attrayantes ?

Attirer les investisseurs nécessite le renforcement des institutions étatiques aussi bien que des infrastructures de communication de base. Résoudre le problème de l'électricité est primordial dans le processus de reconstruction et de création d'emplois. Avec le projet de reconstruction, Haïti devra se montrer plus compétitive dans la région. À travers de vastes programmes de propagande, la tâche des institutions sera de vendre l'idée qu'Haïti, comme les autres pays des Caraïbes, dispose d'une main-d'œuvre qualifiée et qui répond aux normes internationales, qualités vitales pour tout investisseur ambitieux. Montrez-leur les avantages énormes qu'ils pourraient en tirer si, toutefois, ils ont choisi d'investir en Haïti. Donc, la présence et la compétence des cadres de la diaspora seraient des nécessités primordiales dans une Haïti nouvellement reconstruite.

Depuis le départ du dictateur Jean-Claude Duvalier en 1986, nombreux sont les gouvernements civilo-militaires qui ont accédé à la magistrature suprême de l'État. Et jusqu'à cette date, on n'a pas vraiment une idée claire de ce que voulait et veut encore faire l'État haïtien en termes de création d'emplois durables. Et c'est là que la « Commission intérimaire de reconstruction d'Haïti » doit faire montre de plus de compétence. La relance de l'économie et la création d'emplois doivent être des priorités.

Il n'existait, même avant le 12 janvier, pas vraiment de stratégies définies pour créer des emplois chez les institutions étatiques du pays aussi bien que les organisations financière de la société civile. D'où la nécessité pour la commission d'intérimaire d'élaborer une politique durable sur la création d'emplois. Auparavant, la communauté internationale avait pris l'habitude d'investir des millions dans des projets d'assainissements dans des quartiers défavorisés ou zones dites de non-droit. Pour une Haïti modernisée, les autorités haïtiennes aussi bien que les experts de la communauté internationale doivent investir dans des projets de développement durables.

Parler de création d'emploi surtout de manière durable dans le pays ne doit pas être seulement une affaire de l'État haïtien, de la communauté internationale ou d'un groupe de citoyens de bonne volonté de la société civile, mais surtout une affaire nationale et internationale, donc la participation et la collaboration de tout en chacun, surtout des investisseurs venus des communautés haïtiennes de la diaspora, s'avère importante pour la survie d'une telle entreprise. En termes de ressources humaines, la diaspora reste un atout, qui, jusqu'à présent, n'a pas été exploité ni par les autorités haïtiennes et les agences dites de developpement de la communauté internationale.

Cependant, économiquement, cette diaspora verse annuellement des milliards de dollars en Haïti. Ce sont des fonds envoyés directement à des amis et des proches parents. Mais cet apport économique n'est jusqu'à présent pas encore exploité à l'échelle nationale. Donc, au moment où l'on parle de reconstruction et de développement à long

87

terme dans le pays, ne serait-il pas important d'inclure les investisseurs haïtiens de la diaspora parmi d'autres qui auront à revenir pour investir ? Ils ont l'expérience des techniques modernes, des moyens financiers aussi bien que l'amour patriotique pour le pays.

Selon Lesly Pean dans le *Nouvelliste* en date du 7 août 2009, « *Haïti a 85% de sa force de travail qualifiée dans la diaspora. Cette force de travail qualifiée représentant une perte de 9% de son PIB, contrairement à la composition de la diaspora d'autres pays, est à l'origine d'une grande partie des flux de transferts financiers qui n'ont cessé de croître depuis deux décennies.* » On connaît surtout, et ceci depuis des décennies, l'importance des transferts de la diaspora à partir des fonds envoyés à des amis ou des membres de la famille, mais, dans son article, Péan explique comment ces transferts ont aussi aidé dans d'autres domaines de la vie nationale : « *Les transferts financiers de la diaspora fournissent les devises qui servent à améliorer la balance des paiements en redressant le déficit des comptes courants. Ils sont majoritairement utilisés pour la consommation mais servent aussi à acheter les biens intermédiaires et certains outils nécessaires à la production* ».

Les transferts jouent un rôle important dans la lutte contre la pauvreté et contribuent à améliorer le capital humain à travers le paiement des dépenses d'éducation et de santé. 31% des familles haïtiennes reçoivent des transferts financiers de la diaspora. Les transferts sont également vitaux dans la création et le maintien des petites et moyennes entreprises (PME) aussi bien dans le secteur formel que dans le secteur informel.

Il s'agit de mettre des structures en place afin de voir comment ces transferts financiers des émigrés haïtiens peuvent être utilisés pour participer au financement d'investissements productifs. Donc, il s'avèrerait important que les autorités haïtiennes et la communauté internationale puissent profiter de cette force financière qu'est la communauté haïtienne en diaspora dans le processus de développement et de création d'emplois dans le pays.

Port-au-Prince, ville bidonvillisée et capitale sous les tentes

Avant le 12 janvier, avec ces masures dans les flans des mornes comme Canapé-Vert, Morne l'hôpital, Boutilier, Jalousie et au bord de la mer (cités de Dieu et l'Eternel au Bicentenaire), Port-au-Prince était une ville ceinturée de bidonvilles. Ne répondant à aucune norme, ces habitats surpeuplés manquent de service de base comme l'eau potable, l'électricité et l'assainissement. Les gens défavorisés qui y vivent connaissent des conditions malsaines, dangereuses et précaires. Aujourd'hui encore, les débris sont là et, sous les tentes, les choses n'ont pas changé. Allons-nous continuer à construire comme avant ? Si on avait l'habitude de le faire, maintenant les choses doivent se faire différemment.

Reconstruire Haïti veut dire prendre en compte les risques sismiques auxquels est exposé le pays. Haïti a besoin des développeurs avec de grandes visions. Pendant que l'État, à travers son programme de décentralisation, faciliterait des services de base et des infrastructures qui puissent empêcher l'exode rural, une des causes fondamentales de la bidonvillisation, les Port-au-Princiens auraint besoin de constructions qui répondent aux normes de l'urbanisation. Pourquoi un urbaniste ? Son travail serait « *d'analyser la ville, mais aussi la région et le territoire, comme lieux d'interaction sous les angles économique, social, politique, culturel et environnemental. Il aura à élaborer, coordonner, superviser et vérifier les instruments de planification et de réglementation en matière d'urbanisme notamment les schémas d'aménagement, les plans et les règlements d'urbanisme ».* De ce fait, reconstruire Haïti est une affaire de techniciens et d'experts nationaux et internationaux.

La reconstruction d'Haïti est l'affaire de tout en chacun

Ce serait démissionnaire ou du marronnage de penser que la communauté internationale, à travers le Président Bill Clinton et les autres membres de la commission intérimaire peuvent à eux seuls résoudre certains problèmes du pays pour lesquels les autorités élues et nominées sont bien rémunérées. En ce sens, l'État, la société civile, le secteur privé, la diaspora, en un mot toutes les forces de ce pays doivent établir les priorités et décider quel secteur elles vont, dans le cadre du programme de reconstruction, aborder. Serait-ce l'éducation, l'agriculture, le tourisme ou la sous-traitance ? Une fois ce secteur bien défini, elles doivent aussi aborder et résoudre certains dossiers brûlant cernant la problématique de reconstruction, telles : reconstruction et bidonvilisation ; reconstruction et création d'emplois ; reconstruction et infrastructures modernes ; reconstruction et justice sociale pour les classes défavorisées ; reconstruction et décentralisation.

Reconstruction et inclusion

La classe politique comme la société civile est préoccupée par les derniers développements de la reconstruction d'Haïti. Elles ne sont pas non plus indifférentes à la demande faite par le Président et approuvée par les deux chambres sur la prolongation de l'état d'urgence. Pour comprendre la préoccupation des uns et des autres autour de la problématique de reconstruction d'Haïti, il faudrait, à priori, poser ces questions, à savoir : quels sont les acteurs en présence et quels sont leurs intérêts.personnels ? Avant et après le 12 janvier, le peuple haïtien ne croyait pas à son gouvernement.

Ce n'est pas seulement le peuple haïtien qui ne fait pas confiance aux autorités haïtiennes. La communauté internationale, elle aussi, reprochait de corruption aux dirigeants haïtiens, notamment dans la mauvaise gestion de la chose publique. Pour certains activistes politiques de New York, reconduire ces Messieurs au pouvoir dans le processus de reconstruction du pays, c'est comme recycler des hommes et femmes qui étaient hier encore des « *démembrés/destructeurs dans le processus de remembré* ». Mais peut-il y avoir des corrompus sans corrupteurs ? Combien de millions ont été investi dans des petits projets sans résultats par des experts de la communauté internationale ? Ironie du sort, sur le terrain, ces mêmes projets ont été supervisés et exécutés par des experts ou des firmes de la communauté internationale.

Combien de membres de la diaspora ont-ils, eux aussi, pendant les 25 dernières années, occupé des postes de Premier ministre, ministre, directeur général, sénateur, député, consul et ambassadeur ? Ils sont nombreux, ceux- là qui ont, à partir des postes dans l'État ou des contacts, bâti leur fortune sur la misère du peuple haïtien. La société civile, l'Église, la bourgeoisie, elles non plus, ne sont pas innocentes. « *Que celui qui est sans péché jette la première pierre* » *!*

La liste serait longue si toutefois on voulait énumérer les noms de ceux-là qui sont impliqués dans la corruption en Haïti. Il faut toujours des fusibles ou channels par lesqels les fonds doivent transiter. Bref, ce n'est pas le moment de prononcer le verdict sur qui ou quoi que ce soit. Donc, pour un nouveau départ, les autorités haïtiennes, la communauté internationale comme les membres de la diaspora ont beaucoup à prouver dans le projet de reconstruction d'Haïti.

Pour y parvenir, le rôle de ces acteurs, particulièrement de ceux de la diaspora, doit être bien défini à partir de leurs capacités, expériences, distribution et de la description du travail. Si la diaspora doit avoir un ou des représentants, il ne faudrait pas que ce soit des individus venus de nulle part et imposés soit par la communauté internationale ou les autorités de Port-au-Prince.

Prof. ESAU Jean-Baptiste

Texte 16

L'émergence d'une classe politique : une nécessité pour Haïti

On ne change pas une équipe qui gagne, dit-on. Mais lorsqu'une équipe ne peut pas donner de résultat, on est obligé de la changer, dis-je. En politique, lorsqu'on reconduit quelqu'un à son poste, cela sous-entend qu'on était satisfait des performances de la personne et qu'on la reconduit dans ses fonctions, qu'elles soient électives ou nominatives, pour continuer ou terminer le travail qu'elle a commencé. Est-ce le cas en Haïti ? Si la réponse est non, la nécessité de l'émergence d'une nouvelle classe d'hommes aux affaires politiques s'impose dans ce pays

Avant le tremblement de terre du mardi 12 janvier 2010, il suffisait de visiter ou d'habiter en Haïti pendant un certain temps pour se rendre compte de la situation catastrophique du pays. Plus de la moitié de la population vivait dans une extrême pauvreté. Haïti n'était plus le pays essentiellement agricole qu'elle était au début du 19ème siècle. La société se trouvait chaque jour confrontée à des problèmes d'insécurité, au coût élevé de la vie, à l'analphabétisme, à la corruption et à l'enrichissement illicite de leurs mauvais dirigeants. Le taux de mortalité infantile en Haïti était très élevé. Près d'un million d'enfants en âge scolaire n'avaient pas accès à l'instruction de base. Moins de 35% de ceux-là qui sont scolarisés arrivaient à peine à atteindre la 5ème année fondamentale. Environ 80% des élèves fréquentaient des écoles privées alors que l'article 32 de la Constitution de 1987 stipule que l'instruction est gratuite. Pour un pays sans emploi où les gens vivaient dans l'extrême pauvreté, le coût de l'instruction était très élevé pour les familles. De 1804 jusqu'à cette date, les enfants en âge de scolarisation ont toujours été négligés. Seule, une faible minorité des enfants et des jeunes bénéficiaient d'une scolarité effective et consécutive. Haïti n'avait pas assez d'écoles et de professeurs compétents. Ce n'était pas seulement au niveau de l'éducation que le bilan était lourd. Dans tous les domaines de la vie nationale, la situation était catastrophique. Tel était le résultat de plus de 200 ans de mauvaise gouvernance. Mais les 35 secondes du tremblement de terre du 12 janvier ont mis à nu et montré très clairement combien les autorités haïtiennes sont incapables de diriger les 27750 km^2.

Le « moi » ou l'individualisme est très poussé chez l'Haïtien. Que ce soit en Haïti ou à l'extérieur, l'Haïtien aime parler de lui-même et de sa réussite personnelle. « *Je suis la fille de Monsieur ou de Madame... Mon fils a été de chez les... Je conduis la voiture de l'année. J'habite dans les hauteurs de...* « Pendant qu'ils passaient la majeure partie de leur temps à parler de leur réussite, ils n'ont même pas eu le temps de voir, négativement, le développement des bidonvilles et des marchés publics près de chez eux. Cela ne les intéresse pas puisqu'ils peuvent toujours acheter un ticket pour aller se soigner à l'extérieur. En quoi cela peut-il les intéresser puisqu'ils peuvent offrir les meilleures universités à leurs enfants ? Pour eux, environnement, infrastructures, décentralisation, justice sociale, etc, ne sont que de simples ou des jeux de mots.

Bref, il y eut le 12 janvier. Selon Daly Valet dans l'éditorial du Matin *Ras-le-bol* du lundi 19 avril 2010 : « *Le séisme du 12 janvier a asséné le dernier coup de pioche fatal à ce qu'il restait de Port-au-Prince. Notre capitale était devenue une sorte de poubelle à ciel ouvert. En fait, ce tremblement de terre n'a fait qu'apporter une signature naturelle à un acte de décès dressé par les habitants de la ville eux-mêmes et ses gestionnaires successifs depuis 1986.*

94

Cette descente ininterrompue aux enfers est à inscrire dans l'ordre des dommages directs et collatéraux de l'incurie et de la mal-gouvernance. Les élites militaires putschistes, la gent lavalassienne et cette ribambelle d'objets politiques volants non identifiés de l'ère post-duvaliérienne n'ont fait que se servir grassement, mais non servir gracieusement. De l'État central aux municipalités, la République dans son entièreté, une et indivisible, périclitait. Jusqu'à l'actuelle dislocation. Désastres transversaux. Marasmes multisectoriels. Absence de vision ? Incompétence ? Quelle qu'en soit la cause, le bilan de ceux-là qui se disputaient et se tuaient pour le contrôle des vestiges de l'État bancal et atrophié duvaliérien est là. La crise de gouvernance et l'inconséquence des élites. Le pays et sa capitale implosaient parce que médiocrement administrées ».

Lorsqu'on grandissait en Haïti durant les années 1980, on savait présenter le gouvernement de Jean-Claude Duvalier comme responsable de tous les maux du pays. C'était un gouvernement rétrograde, donc on voulait son départ. On pensait qu'après son départ, la situation socio économique des classes défavorisées allait être différente, mais la classe politique de l'opposition disposait-elle d'une certaine préparation ou programme pour assurer la transition de celui qui, entre père et fils, avait dirigé le pays pendant presque trente ans ? Il y eut donc, après le départ de Jean-Claude Duvalier le 7 février, une absence de leadership. Remplacé par un gouvernement civilo-militaire appelé Conseil National de Gouvernement (CNG), ce Conseil, avec un mandat de deux ans, avait pour mission de recoudre le tissu social, de doter le pays d'une nouvelle constitution et, du même coup, de le sécuriser pour l'organisation d'élections libres, honnêtes et démocratiques. Le Conseil était composé du Lieutenant Général Henry Namphy, Président, des colonels Williams Régala et Prosper Avril, du Major Max Vallès, ide l'Ingénieur Alix Cinéaste et du professeur Me. Gerard Gourgue.

Dans son discours inaugural, Namphy déclarait que « *L'Armée ne nourrit aucune ambition politique et demeure au service des intérêts supérieurs de la Patrie* ». Si certains voyaient dans ce discours une garantie du régime de transition de conduire Haïti vers la démocratie et la croissance économique, déjà, les plus prudents de la classe politique se méfiaient déjà du gouvernement civilo-militaire. Historiquement, les expériences avec les militaires au pouvoir se révélaient toujours négatives, donc déjà on parlait de Duvalier sans Duvalier. Le gouvernement de transition serait-il en mesure de combler le fossé de presque deux cents ans d'inégalités entre ceux qui possèdent et ceux qui n'ont rien ? Le général Namphy avait-il la possibilité, l'expérience et la bonne volonté de répondre aux attentes du peuple haïtien qui a tant souffert des vingt-neuf années de dictature des Duvalier ? Serait-il en mesure de se conduire en vrai chef capable de prendre les bonnes décisions pour le pays ou serait-il une poupée facilement influençable, intimidée par les macoutes et la communauté internationale ?

De concert avec les forces rétrogrades du pays, le régime militaire allait s'identifier et montrer son vrai visage. « *Banboch demokratik lan fini* », déclarait le Président du Conseil. Sous l'influence de la politique extérieure des grandes puissances occidentales et la maladresse des politiciens de la gauche haïtienne, aussi bien qu'à cause de l'inexperience des militaires à diriger, l'attente du peuple haïtien et l'euphorie 1986 allaient vite s'évanouir.

L'arrivée des activistes et des hommes politiques venant de la diaspora qui, pour la plupart, s'étaient exilés à cause de leur opposition face au régime des Duvalier, était porteuse d'espoirs. Malheureusement, une fois arrivés au pays, bon nombre d'entre eux se sont noyés dans la grande bataille pour la lutte du pouvoir.

Sur le terrain, certains activistes et dirigeants de partis politiques, de concert avec ceux de la diaspora pour faire obstacle aux élections, pensaient qu'à travers certaines organisations populaires à tendance de gauche, quoique dépassées par l'évolution du temps, une révolution politique ou la prise du pouvoir était encore possible par des luttes armées, comme à l'époque de la guerre froide. Ainsi, le boycottage de l'élection faisait son chemin par certaines organisations et associations qui se réclamaient de la masse. On assistait pendant les mois qui suivaient la création du Conseil Électoral Provisoire à des déclarations codées de la part de certains leaders de partis politiques s'opposant aux élections. La tactique du double langage continuait comme à l'époque de la formation des constituants pouvant travailler sur la charte constitutionnelle. Avant, c'était non à la constitution, pour finalement dire non aux élections. Nous n'allons pas aux élections avec les militaires. Il nous faut un autre gouvernement capable d'organiser des scrutins libres et démocratiques, réclamaient les leaders politiques et les organisations à tendance gauchiste.

L'armée, dans sa politique traditionnelle, comme elle l'avait fait en 1957 pour le docteur François Duvalier, voulait effectivement organiser des élections orientées, dirigées vers un candidat. L'hypocrisie et la mesquinerie du jeu de double langage des leaders de la classe politique à pouvoir participer aux élections á, dans une certaine mesure, désamorcer l'atmosphère électorale et du même coup, et permettre á l'armée de réussir dans son jeu macabre á savoir la tuerie á la ruelle Vaillant. Au lendemain même du 7 février, certains dirigeants de la classe politique haïtienne qui se réclamaient de la gauche ou du secteur démocratique, ont toujours été indécis en termes de participation effective au processus démocratique. Avec les discours démagogiques de révolutions et le changement des conditions de la masse, ils n'étaient toujours pas d'accord sur les moyens d'accéder

97

au pouvoir. Dans leurs prises de position toujours codées et empreintes du double langage et de marronnage, certains préconisaient la prise du pouvoir par la force tandis que d'autres voulaient le prendre par le processus électoral, mais bien entendu avec la faveur de l'armée et de la communauté internationale.

Même lorsqu'ils s'unissaient certaines fois contre le régime militaire de transition pour protester ou dénoncer certains abus et violation des droits humains, le conflit entre ceux qui voulaient arriver au pouvoir par la force et les partisans de la voie électorale était le cheval de bataille de tout un groupe de politiciens. Ceux qui voulaient aller aux élections étaient le plus souvent décriés et insultés comme vendeurs de patrie ou bien « *machan-n peyi* ». Comme l'idée du « *rache manyok* » lancé par l'opposition avait échoué, donc il fallait trouver un moyen pour faire obstacle au Conseil National de Gouvernement. D'une façon voilée, mais moins enflammée et radicale, certains leaders qui hier encore parlaient leur double langage d'anti-élections, ont rapidement changé de discours, afin de courtiser cette même armée ou de lui laisser la porte ouverte, dans l'exercice des élections tant décriées.

Comme les militaires ne pouvaient pas contrôler la machine électorale de 1987 et diriger le vote populaire, de concert avec les tontons macoutes, ils ont planifié et perpétré le massacre dit « *de la ruelle Vaillant* ». Le même jour, le général Namphy annonçait la caducité du Conseil Électoral Provisoire. Rapidement, un autre conseil électoral *de facto* fut créé pour organiser les élections parodiques du 18 janvier qui devaient porter au pouvoir le professeur Lesly François Manigat

Le gouvernement de Lesly Manigat

Au matin du 7 février 1988, c'est dans l'indifférence totale que le Professeur a prêté serment comme le premier Président élu post-Jean-Claude Duvalier, devant un parlement que le peuple et la communauté internationale ont considéré comme illégitime. « *La fin justifie les moyens* ». Mais quand on arrive au pouvoir comme dans le cas des élections illégitimes du 18 janvier, les moyens sont vraiment limités et impossibles à justifier. La fin justifie que le professeur était incapable de diriger une Haïti où les militaires ne voulaient pas retourner dans leurs casernes, et, conformément aux normes internationales, suivant le contexte du nouvel ordre mondial, remettre le pouvoir à un gouvernement civil, issu d'élections libres, honnêtes et démocratiques.

La gestion du pouvoir politique issue des élections du 18 janvier 1988 s'avérait difficile et même impossible. Deux choses handicapaient le gouvernement du professeur Manigat : la crédibilité des élections qui l'ont amené au pouvoir et l'impopularité du Président. La légitimité des élections qui ont amené le Président au pouvoir avait été mise en cause par la communauté internationale aussi bien que par les forces politiques d'Haïti, questionnement qui a mis les nouveaux élus de l'exécutif et du législatif en isolement. Impopulaire nationalement et isolé par la communauté internationale, le professeur était arrivé au pouvoir dans un contexte très difficile. Comme le Président n'avait pas la légitimité, donc les bailleurs de fonds ont été timides lors du déblocage d'aides financières dont avait besoin le régime pour exécuter son programme. On lui reprochait d'arriver au pouvoir à partir des élections non crédibles certes, mais il paraît, depuis le départ du dictateur

Duvalier le 7 février 1986, être le seul à avoir une idée de la bonne gouvernance des choses publiques.

Le gouvernement de Namphy II

Mise sur le banc de touche pendant les vingt-neuf années des Duvalier pour jouer un rôle de second et de complices des dictateurs dans les actes criminels et violations des droits du peuple haïtien, une fois au pouvoir en 1986 après le départ de Jean-Claude Duvalier, l'armée ne voulait plus rester dans les casernes. Le coup de force contre Manigat, le 20 juin, par ceux-là même qui avait organisé les élections truquées pour le porter au pouvoir, ramène le général Namphy au pouvoir pour une seconde fois, pour continuer ses exactions et ses basses œuvres qui ont été bien sûr interrompues pendant les quelque mois du gouvernement civil de Manigat. Tout portait à croire que le second mandat de ces militaires sans vision sera un gouvernement de répression où les macoutes et les nostalgiques duvaliéristes reviendraient au pouvoir pour continuer le duvaliérisme sans Duvalier.

Le gouvernement du général Avril

À la faveur d'un coup orchestré par un groupe de soldats, manipulés par des officiers mesquins de la hiérarchie militaire qui se réclamaient de là-base progressiste des forces armées d'Haïti (Fad'H), Prosper Avril est arrivé au pouvoir. C'était le tour de « l'intelligent Avril ». Non seulement le général n'avait-il pas de programme pouvant répondre aux desideratas du peuple, mais il ne voulait non plus organiser d'élections. Opposé à une classe politique qui voulait des élections et à une population assoiffée de changement, le général Avril devait, après plusieurs jours de manifestations, quitter le pouvoir le 10 mars 1990.

Le gouvernement d'Ertha Pascal Trouillot

Après son investiture au Palais national, le juge Ertha Pascal Trouillot était devenu la première femme à pouvoir occuper ce poste. Le défi qu'attendait le gouvernement de Madame Trouillot était énorme. En dépit de l'origine du gouvernement qui était le résultat d'un large consensus entre tous les secteurs et acteurs de l'élite politique, l'administration de Madame Trouillot était incapable de faire appliquer la justice dans le pays. Arrivée à la première magistrature de l'État avec un pouvoir sans base de popularité puisqu'elle n'était pas de la trempe des politiciens traditionnels capables de manipuler les bases politiques pour pouvoir contrôler certains dossiers importants dans la problématique haïtienne, le nouveau locataire du palais national était sans marge de manœuvre face à une force militaire qui avait pris goût au pouvoir politique. En dépit de ce qu'on peut dire ou penser de la gestion de Madame Trouillot, en moins de dix mois, avec l'aide de la communauté internationale, son gouvernement a pu organiser les élections générales du 16 décembre 1990. Élections qui devaient porter au pouvoir le prêtre populaire Jean-Bertrand Aristide.

Aristide au pouvoir

C'était dans une ambiance de fête et de réjouissances dans tout le pays et dans les communautés haïtiennes en diaspora que le gouvernement sortit des élections du 16 décembre a, d'abord au palais législatif au Bicentenaire, ensuite pour les cérémonies religieuses, à la Cathédrale de Port-au-Prince, prêté serment le 7 février 1991. Le nouveau gouvernement avait-il l'expérience et la volonté d'opérer les réformes nécessaires tant souhaitées par les masses défavorisées ? D'un activisme militant au verbe enflammé de « *makout pa ladan'l, anba inperyalis* » à la présidence, le père Arisitide devenu Président savait-il exactement les responsabilités qui l'attendaient au lendemain même de son investiture du 7 février ?

Après presque deux cents ans de luttes d'une nation déchirée par la misère et l'inégalité entre ceux-là qui possèdent et ceux-là qui n'ont rien, le 7 février 1991, les destinées du peuple haïtien ont été remises au chef Lavalas. Après un vote massif de 67% aux élections générales du 16 décembre, le Président Arisitde pensait qu'il avait le feu vert pour décider de la moindre petite chose des institutions du pays. Arrivé au pouvoir sur une base populiste, dans un premier temps c'était *«tim tim bwa chèch, twa woch di fe e grès kochon ki kwuit kochon»* pour finalement arriver à *«si pa gen la pè nan vant, pap kab gen la pè nan tèt»*. Autant de discours populistes vides de sens. Discours qui ne correspondaient pas aux réalités politiques et économiques d'un peuple sans emploi, sans grands centres hospitaliers et universitaires. De coup d'État au départ forcé, l'homme qui occupait la scène politique haïtienne pendant les années 90 laissait impression de quelqu'un qui ne savait comment garder son pouvoir, voire changer l'image du pays. Ainsi, le 29 février 2004 comme il survolait Cité Soleil en direction de son exil en Afrique du Sud, il laissait plus de misère dans son propre fief que lors du vol de Jean-Claude Duvalier pour la France en 1986. Il rentrait dans l'histoire comme quelqu'un qui, comme ses prédécesseurs, avait échoué lamentablement.

René Préval

De *« naje pou soti a gade m nan je map gade w nan je »*, René Préval et ses hommes ont dirigé le pays comme un Président sans vision. Préval n'a pas pu, ni pendant son premier ni au cours de son second mandat, instaurer l'autorité de l'État comme il l'avait promis. Il n'a pas pu non plus empêcher la corruption dans les institutions publiques. Le programme d'apaisement social était une simple illusion. Les bandits imposèrent leurs lois aux autorités. Au moment ou Préval, avec sa plateforme politique « Espoir transformé en Unité », préparaît les élections de février pour renouveler le tiers du Sénat et les 99 députés, le pays avait été terriblement frappé par le tremblement de terre du 12 janvier. Si Préval est le seul après le départ de Jean-Claude Duvalier a pouvoir boucler ses deux mandats de cinq ans, il apparaît pourtant désorienté et sans options face aux défis d'une Haïti post-séisme. D'où la nécessité d'une nouvelle classe politique au pouvoir.

Nécessité d'une nouvelle classe politique

La maladresse et l'inefficacité des dirigeants post-duvaliériens à résoudre les problèmes du pays visible. Après plus de 20 ans post-Duvalier, le bilan est lourd. Le résultat de ceux-là qui ont dirigé Haïti a mis à jour l'incapacité de la classe politique, particulièrement du secteur populaire, à diriger tout simplement. Les institutions se sont affaiblies. Port-au-Prince, la capitale est, aujourd'hui, devenue une ville poubelle ceinturée de bidonvilles.

Les bandits imposent leurs propres lois aux paisibles citoyens confrontés à des problèmes économiques, tels que vie chère et chômage. Les mêmes causes produisent les mêmes effets. Le pays ne peut plus continuer à recycler les mêmes politiciens post-Duvalier. Si cela continue, on retrouvera les mêmes résultats négatifs, à savoir une Haïti sans emploi, sans sécurité, sans écoles, sans infrastructures, des dirigeants arrogants et corrompus. Comme *« les problèmes politiques sont les problèmes de tout le monde et les problèmes de tout le monde sont des problèmes politiques »*, donc on doit réinventer Haïti avec une nouvelle classe d'hommes compétents et expérimenté dans les affaires publiques du pays. D'où la nécessité de l'émergence d'une nouvelle classe politique.

Bien des années auparavant, l'ambassadeur américain Brian Dean Curran anticipait l'idée d'une nouvelle classe politique. C'est dans cet ordre d'idées que, dans son discours très significatif prononcé le 9 juillet 2003 lors d'une soirée d'adieu organisée par la HAMCHAM, il déclarait : *« J'espère que les têtes froides prévaudront. Et j'espère que l'ultime incohérence, la nostalgie de l'ère duvaliérienne, n'induira personne à appuyer, financièrement ou autrement, aucun rôle politique pour Jean-Claude Duvalier. Le passage du temps ne devrait pas effacer les crimes. Les pages de l'histoire ne peuvent pas être retournées. Cherchez de préférence parmi vos incroyablement talentueux jeunes professionnels éduqués à Harvard, Columbia, Stanford, Georgetown et autres universités américaines, à la Sorbonne ou l'HEC, à McGill ou Laval, pour une nouvelle génération de leadership politique, éprouvés dans le creuset des idées modernes, mais maintenant en Haïti, préparant un meilleur avenir pour Haïti et non la pérennité, la nostalgie ou la revanche ».* Le peuple haïtien doit avoir une alternative entre ceux-là qui ont échoué pendant les vingt-cinq dernières années dans la gérance des affaires publiques du pays et ceux-là qui peuvent apporter le changement et réinventer Haïti.

En reconduisant ces mêmes Messieurs dans d'autres postes, le peuple saura qu'il a fait choix *pou ke lekòl kontinye tonbe sou piti li. Mete mesye sa yo nan pouvwa ankò se pèmèt pa gen anyen ki fet* pour résoudre le problème de l'insécurité, de la faim, du chômage et de l'électricité. Reconduire ces Messieurs au pouvoir, c'est donner un autre mandat de cinq ans à Préval ou à ces Messieurs pour qu'ils continuen à nous regarder dans les yeux et à nous dire de nager pour sortir. De Namphy a Préval, la classe politique traditionnelle avait 25 ans pour prouver son efficacité et ses compétences dans la bonne gouvernance des affaires politiques du pays. Malheureusement, ils ne savaient pas comment faire. Le tremblement de terre du 12 janvier est le coup de grâce. Il montre que rien de sérieux ne peut sortir de ces Messieurs. Donc, après un quart de siècle, c'est le moment de remercier et de renouveler la clientèle de la classe politique haïtienne de l'après 1986.

Prof. ESAU Jean-Baptiste

Texte 17

Élections en Haïti : pour quoi faire ?

Beaucoup se posent cette question : pourquoi des élections en Haïti ? Étymologiquement, le mot élection vient du verbe latin « eligere « et du substantif « electio » qui signifie « choisir ». Mais les professeurs de sciences politiques ou politologues vous diront que, depuis l'époque contemporaine, l'élection a toujours été, si on veut toutefois respecter le jeu démocratique, l'un des principaux moyens pour accéder au pouvoir politique.

Par définition, *« le mot élection est la désignation, par le vote d'électeurs, de représentants qui occupent une fonction, au nom de ces derniers. La population concernée transfère, par le vote de sa majorité, à des représentants ou mandants choisis, une légitimité pour exercer le pouvoir attribué à la fonction ainsi occupée, par le biais d'un contrat politique ».* On peut toujours l'appeler démocratie directe, libérale, participative ou représentative, indépendamment du pays ou du système politique en vigueur. Un fait est, les élections restent et demeurent une étape importante dans le processus démocratique. Mais quel type de démocratie veut-on imposer au peuple haïtien ? Est-ce une démocratie où la majorité populaire aura seulement à élire des dirigeants ? Ou une démocratie pour une stabilité politique capable de faciliter les changements sociaux et économiques pour toute une population en quête d'un mieux-être ?

Dans son livre titré *la Crise des dictatures*, Nicos Poulantzas déclare que les problèmes politiques sont les problèmes de tout le monde et les problèmes de tout le monde sont des problèmes politiques. Sur ce, Haïti nécessite un grand mouvement politique, mais démocratique pour résoudre les problèmes du peuple. Pourtant, plus d'un vous dirait que les expériences électorales en Haïti ont toujours décelé un illogisme au niveau de l'attente même du peuple haïtien à tirer quelque chose de positif. De toute évidence, il s'avère important que, si on veut respecter l'alternance du pouvoir politique dans le cadre d'une stabilité démocratique aussi bien qu'assurer la crédibilité des dirigeants, il faut qu'on passe inévitablement par des élections. Bien entendu, dans la mesure où ces élections soient crédibles, honnêtes et approuvées non seulement par la communauté internationale, mais surtout par l'électorat et les acteurs politiques nationaux.

Pays instable politiquement, Haïti, pour certains, particulièrement la communauté internationale, est considérée comme un État fragile. C'est cette fragilité politique qui, depuis le départ du Président Jean-Bertrand Aristide le 29 février 2004, a conduit à cette force multinationale dans le pays. En dépit des efforts du gouvernement Préval et de la force onusienne (Mission des Nations-Unies pour la Stabilisation en Haïti/MINUSTAH) fort de 10 000 troupes et de la Police Nationale (PNH) sur le terrain, l'instabilité continue.

Depuis le séisme du 12 janvier 2010, suivi de la formation de la « Commission Intérimaire de Reconstruction », bon nombre de pays ont leurs regards tournés vers Haïti. Pendant que les partenaires internationaux, dans leurs élans de solidarité, à travers des agences de développement et humanitaires, font des efforts pour aider le peuple haïtien dans le processus de reconstruction, d'autres institutions, de leur côté, travaillent, et ceci depuis le départ de Jean-Claude Duvalier en 1986, à l'établissement de la démocratie. En dépit de tout cet acharnement, il reste encore beaucoup à faire.

Du premier Président élu post-Duvalier, Leslie François Manigat, à l'actuel, René Préval, la culture démocratique est

108

en dents de scie et n'arrive pas encore, 25 ans après, à prendre son cap. C'est à se demander : encore d'autres élections mais pour quoi faire ?

À juste titre, bon nombre de candidats sont en lice actuellement pour les prochaines élections générales de 2010. Ces élections seront d'une importance capitale en matière d'alternance démocratique dont Haïti et le peuple haïtien devraient profiter. Dans ce contexte, l'analyse minutieuse des temps forts de ces joutes devait susciter des passions aussi bien que des réflexions sur le modèle et le processus électoral à adopter en Haïti par les dirigeants. Cependant, jusqu'à présent, la classe politique et une bonne partie de l'électorat expriment une certaine préoccupation quant à la crédibilité de ces élections

Pour une bonne réussite des élections générales de cette fin d'année, il y a certaines préoccupations que les experts et acteurs de ces élections doivent prendre en compte si on veut vraiment que ces dernières soient crédibles. Le CEP doit tout d'abord réorganiser la liste électorale aussi bien que les structures et infrastructures de base de cette dite institution. Il y a plus de 1 300 000 sans-abri réfugiés ici et là sous les tentes. Ajoutez à cela plus de la moitié des rescapés qui, immédiatement après le séisme, se sont déplacés dans d'autres zones. Quoique, selon des rapports, il y ait seulement 20% de ces gens qui sont restés à leurs lieux de refuge. Quant au reste, les 80%, ils sont déjà retournés à Port-au-Prince. Donc, pendant que les autorités et les candidats s'attèlent à mobiliser l'électorat quant au processus de démocratisation, le Bureau National d'Identification, lui aussi, doit faire une évaluation pour déterminer le nombre de déplacés ainsi que les morts dus au cataclysme du 12 janvier, et aussi pour donner la possibilité d'élire le mandant de leur choix à tous ceux qui viennent de posséder pour la première fois la Carte d'identification nationale (CIN). Ceux qui ont atteint leur majorité ne doivent pas être exclus du processus également.

Observateurs étrangers et haïtiens de la diaspora

Vu l'ampleur, l'importance et l'émotion que peuvent charrier ces élections, il s'avérait important qu'on fasse appel aux techniciens locaux, aux experts de la communauté internationale et aux cadres haïtiens de la diaspora. Certes, les élections sont coûteuses et demandent des techniques modernes, donc il est clair que réaliser de bonnes élections en Haïti requiert une assistance financière, mais aussi une capacité à comprendre la réalité électorale haïtienne, c'est-à-dire le terrain social, dans les zones urbaines et rurales où tout se joue. En termes de culture, de langue et d'expérience de terrain, la contribution d'un « natif natal » serait bien utile, *« Jan chat mache se pa konsa l kenbe rat. Se moun n ki domi ak Jan ki konen koman l ronfle »*. Donc, les cadres haïtiens sont aussi un pilier important.

Supposons qu'avant le 28 novembre, le CEP parviendrait à avoir tous les matériels, cadres et financement nécessaires. Mais, depuis 1986, on organise toujours des élections, et ceci sans grands bénéfices pour les classes défavorisées. Cette année encore, va-t-on organiser des élections pour reconduire les mêmes dirigeants ? Avec le massacre du 29 novembre, on a raté les élections de 1987. Depuis lors, les élections qui s'ensuivent (1990, 1995, 2000 et 2006) nous ont donné des résultats insatisfaisants, de mauvaises gouvernances. Est-ce genre de gouvernement que mérite le peuple haïtien ? Ou mérite-t-il des dirigeants compétents et responsables qui peuvent se soucier des fonctions régaliennes.

Éducation civique de l'électorat

Vu l'inexpérience démocratique et le taux élevé d'analphabétisme de la population couplé avec les problèmes
économiques dont souffre la masse populaire, les gens sont
davantage enclins à être manipulés par les acteurs politiques.
Pour faire obstacle à cette forme de manipulation avec des
campagnes faites sur fond de « *bande rara et tafya* », il
s'avère important que l'éducation civique de la population se
fasse sur l'importance du processus électoral, comment voter
et choisir tel ou tel candidat. Donc, l'électorat doit disposer
d'une alternative à savoir pourquoi et pour qui voter, si on
veut vraiment amener la grande foule aux bureaux de vote.
En un mot, ils doivent finalement être capables de créer cette
démarcation entre un discours d'un leader charismatique et un
démagogue.

Ce n'est ni la classe politique, ni la communauté
internationale, ni le seul CEP qui peuvent rendre crédibles
les élections. Ils peuvent, de leur côté, apporter leur
contribution dans le processus, pas de doute là-dessus. Mais,
décidément, ce sont les électeurs, particulièrement les
masses défavorisées qui peuvent rendre crédibles ces joutes.
Les élections générales de novembre 1990 et de février 2006
sont des exemples concrets qui peuvent soutenir la position
de tous ceux et toutes celles qui pensent encore que le fort
pourcentage de participation des électeurs le 28 novembre
auront un rôle primordial à jouer dans les prochaines
élections.

Sécurité pendant le processus

Haïti a une histoire de violence pendant les élections. La
tuerie à la ruelle Vaillant, Lalue, Port-au-Prince, le dimanche
29 novembre 1987, est un exemple classique de violence dans

111

l'histoire récente des élections en Haïti. Les sénatoriales partielles d'avril et de juin 2009 avaient, elles aussi, été perturbées par de violents incidents, dans certaines régions du pays. Mais la toute dernière déclaration de l'ancien Premier ministre Jacques-Édouard Alexis, concernant la distribution et circulation d'armes à feu dans des localités par des hommes du pouvoir, demande à être prise en compte par les forces de l'ordre dont la mission est de protéger et de servir. Donc, la PNH et la MINUSTAH doivent conjuguer leurs efforts pour sécuriser non seulement les candidats durant leurs rencontres de masse, mais aussi bien les électeurs et mandataires dans les 10 400 bureaux de vote. Les 4 200 agents de sécurité électorale qui ont suivi une formation adéquate donnée par la MINUSTAH seront les yeux des forces de l'ordre dans leur tâche ô combien difficile de garantie de la sécurité des élections. Lors d'une interview à *Radio Kiskeya*, le porte-parole adjoint de la police de l'ONU (UNPOL), André Leclerc, a indiqué que *« les composantes militaires et policières de la mission sont placées en état d'alerte et peuvent intervenir avec célérité en cas de troubles pendant la campagne ».* Ce qui est une très bonne nouvelle.

Financement

«Si la démocratie n'a pas de prix, elle a cependant un coût». Les dépenses d'un processus électoral sont coûteuses non seulement pour le Trésor Public, mais elles le sont aussi pour les candidats, les partis ou regroupements politiques. Donc, financer les partis ou candidats durant leurs campagnes peut, dans un premier temps, stopper l'ardeur de certains candidats à utiliser les matériels et équipements de l'État et finalement résoudre le problème des financements illicites. L'idée de financer les partis ou candidats aux élections viserait à éliminer toute possibilité d'un quelconque secteur d'avoir une influence sur ces derniers.

Finanse yon kandida ak lajan sal kab fè anpil domaj pandan e apre eleksyon an. Li kab kreye yon gwo andikap nan pwosesis demokratik lan.

Le temps d'un autre discours avec un autre messager

Actuellement, il y a 1,3 million de gens sous les tentes. Sur les dix départements géographiques du pays, le département de l'Ouest à lui seul représente plus de 40% de l'électorat haïtien. L'Ouest et le Sud-Est, particulièrement les grandes villes comme Port-au-Prince, Léogâne et Jacmel ont été très touchées par le séisme du 12 janvier. Lors des élections générales de février 2006, le candidat à la présidence René Préval, avec ses 51% du suffrage universel, n'avait pas eu 1000000 de partisans. Donc, un programme bien élaboré sur la reconstruction et le logement d'un candidat peut attirer les sans-abri et les déplacés qui vivent sous les tentes, éparpillés sur les places publiques. Et avec ce chiffre de 1,3 million, le candidat serait, au premier tour, capable de gagner les élections présidentielles et, du même coup, d'imposer sa popularité au niveau national et international.

Regroupement des partis autour de deux grandes forces politiques

Au lieu de s'unir autour d'un candidat unique, la classe politique de l'opposition n'arrive pas à s'entendre sur sa participation aux élections. Le regroupement en deux grandes forces des partis de même tendance politique conduira à un momentum du côté de l'électorat et, du même coup, à faire obstacle à toute possibilité de faciliter un quelconque candidat du pouvoir. Donc, c'est le moment idéal de s'aligner et de faire des endossements. Il sera peut-être trop tard si on pense le faire pendant le second tour. Qui vous dit qu'il y aura un second tour ? Quand on n'a pas un

113

candidat populaire comme Aristide en 1990, on peut bien manipuler ou truquer les résultats des élections au profit d'un quelconque candidat. Mais gagner les élections est une chose, réussir le mandat en est une autre. Pour gagner et réussir, le Président doit avoir une personnalité qui inspire confiance. À côté de son éloquence, c'est-à-dire quelqu'un avec un discours influent capable de dialoguer avec les partenaires nationaux et internationaux, son expertise et son expérience de la réalité nationale et internationale doivent faire de lui un rassembleur.

Arriver au pouvoir sur fond de grande division, que ce soit à l'intérieur d'un parti ou de la classe politique en général, constituera un obstacle majeur pour le candidat élu. D'où la nécessité d'un appui fort des membres du parti dont est issu le candidat. Ceci veut dire que la solidarité doit être une priorité. Dans le cas contraire, le candidat élu passera tout son mandat à chercher une unification entre les membres de son parti aussi bien que d'autres acteurs de la classe politique.

Une bonne organisation électorale avec un comité crédible sera un élément important dans la bonne réussite d'un Président. Le Professeur Leslie Manigat en 1988 et le prêtre Jean-Bertrand Aristide en 2001 ont eu à faire face à cette situation épineuse. Le résultat contesté de leur élection était un obstacle et même un handicap à la continuation de leur mandat.

Le Président aura à faire montre de beaucoup d'efforts si son administration ne bénéficie pas d'une conjoncture favorable (soutien populaire). La stabilité politique peut non seulement faciliter le Président dans la bonne marche de son gouvernement, mais elle faciliterait aussi les rapports entre les partenaires internationaux dans le cadre des rapports bilatéraux de développement. La communauté internationale hésitera toujours lorsqu'il s'agira de faire des prêts ou des dons avec un gouvernement qui n'est pas sorti de bonnes élections.

Haïti a raté pas mal d'occasions pour se lancer dans le progrès et la modernité parce qu'on a toujours laissé les grandes décisions de ce pays entre les mains des amateurs. Un pouvoir concentré autour d'une seule personne est ennemi du développement. Pour réussir, un gouvernement doit, à travers un programme bien élaboré répondant au besoin réel du peuple haïtien, avoir des solutions pour résoudre les problèmes (programme, ressources humaines et moyens financiers). Par-là, j'entends une grande vision avec une ressource humaine riche en compétence et en experience dans différents domaines.

Le député n'est pas un magistrat

Pourquoi faire une différence entre un député et un magistrat alors que les élections pour les maires ne sont pas pour maintenant ? Pourquoi pas une différence entre un sénateur et un député ? Pendant des rencontres de masse de partis différents, j'ai entendu des candidats à la députation faire de fausses promesses aux gens de leurs circonscriptions. *« Vote m kom depite pou sikonskripsyon an, map konstwui lise pou pitit nou. Si nou vote m, map retire nou anba tant lan. »* Pendant une rencontre avec la communauté haïtienne en diaspora, un candidat eut à dire : *« Si m vini depite map kab mete infrastrikti pou mounn nan dyaspowa an kab vini envesti nan peyi a »*. Le 28 novembre, les électeurs iront aux urnes pour élire 99 députés, 11 sénateurs et un Président. Quel serait donc le vrai rôle d'un député ?

Sur un échantillon de 68 éventuels électeurs en âge de voter, 53, incluant des universitaires, ne savent pas le vrai rôle des députés. N'en déplaise à certains candidats ou partis représentés, bon nombre d'entre eux ne savent pas non plus quel serait leur rôle. Sur une étude faite sur 87 candidats à la députation, plus de la moitié, particulièrement 69, ne savent absolument rien de leurs futures attributions au parlement.

Pour les électeurs aussi bien que pour les candidats à la députation, disons qu'un député peut à la fois remplir plusieurs rôles. Étant un législateur, *« son rôle exigera de lui de comprendre l'esprit des lois, de proposer, d'étudier, d'en discuter et d'appuyer ou non leur adoption. Étant le représentant de ces électeurs, un député peut exprimer leurs inquiétudes et leurs points de vue, intervenir en leur faveur et les aider à résoudre les problèmes ».*

Les députés partagent leur temps entre leurs circonscriptions et l'Assemblée législative. Leurs fonctions à l'assemblée varient selon le rôle qu'ils exercent, comme par exemple : membre de la Commission de Sécurité, d'Éducation, des Finances et de Santé, etc.

La lourde responsabilité de l'électorat

Oui, le Président partira puisque les élections devront avoir lieu. Le problème est d'élire un successeur compétent et expérimenté, pouvant, cette fois-ci, conduire le pays vers la modernité. Les électeurs ont une lourde et difficile tâche à remplir ce dimanche 28 novembre. Le paragraphe suivant est issu du texte d'Hannibal Price : *De la réhabilitation de la race noire par la République d'Haïti*, publié à Port-au-Prince en 1900. Il m'a été envoyé par une de mes étudiantes. Donc, je juge intéressant en cette période électorale de le partager avec vous, mes lecteurs :

« Qu'ils apprennent donc enfin que l'ignorance et le vice au sommet d'une société humaine, à la direction de l'État, c'est l'affaiblissement de la communauté, c'est la désintégration sociale, c'est la division, l'émiettement du territoire. Qu'ils apprennent donc enfin que les Nations qui se donnent des chefs ignorants ou vicieux ont manqué aux plus saints des devoirs et doivent en apporter la responsabilité devant Dieu et devant les hommes ; que quiconque, individu ou nation, se montre incapable de vaincre en lui-même l'erreur et la passion, arrive bientôt à n'avoir aucun droit que les puissances se croient tenues de respecter. C'est en donnant des chefs ignorants ou vicieux, c'est en manquant ainsi à la responsabilité nationale qu'on en vient à chercher des protecteurs au dehors. La nation, qui se donne des chefs ignorants, ou vicieux tombe rapidement à l'état de proie et, en cherchant un protecteur, c'est la bête de proie qu'elle rencontre » [sic] (p. 511).

Prof. ESAU Jean-Baptiste

Texte 18

Haïti : deux peuples et deux modes de vie

Un diplomate et un membre d'une organisation humanitaire qui se préparent à rentrer en Haïti, et sous les yeux desquels ce titre tomberait, poseraient certainement cette question : dans quel pays vais-je rentrer ? Est-ce le pays que « dirige » le Président René Préval ou un autre ?

Ce titre peut paraître hasardeux, controversé ou serait mal vu par certains. Mais tous ceux et celles qui vivent dans ce morceau de terre de contrastes des Caraïbes peuvent, et ceci avec aisance, comprendre le bien-fondé d'un tel titre. L'intention n'est pas de diviser davantage un pays qui est déjà en proie à toutes sortes de difficultés économiques, politiques et sociales, mais de dire très haut ce que, bien entendu, certains ont peur de faire. C'est afin de rappeler aux autorités haïtiennes aussi bien qu'à ses amis de la communauté internationale que l'épopée de Vertières n'a pas été faite pour une Haïti réduite à un petit groupe.

Haïti est le pays des grandes Antilles qui partage l'île Hispaniola avec la République Dominicaine. Dans ce coin de terre des Caraïbes, d'une superficie de 27 750 km² et d'une population d'environ 10 millions d'habitants, on parle français et créole. Indépendante en 1804 après la victoire, issue d'une longue bataille, du général Jean-Jacques Dessalines de l'armée indigène sur les troupes napoléoniennes, Haïti est le premier pays nègre à pouvoir briser les chaînes de l'esclavage. Par ce geste ô combien historique, le fondateur de la patrie voulait en finir avec l'exploitation outrancière et l'inégalité sociale dont furent victimes les esclaves dans la colonie saint-dominguoise. La politique agraire de l'Empereur, immédiatement après l'indépendance, est un exemple classique d'un justicier social qui rêvait d'une Haïti prospère et égalitaire pour tous. *« Et les Noirs dont leurs pères sont en Afrique, n'auront-ils rien »* ?, disait le père de la patrie en réponse aux affranchis qui, avec de faux documents, voulaient, immédiatement après l'indépendance, accaparer des terres et certains autre biens de la nouvelle nation nègre.

Cependant, 207 ans après l'épopée historique de Vertières, Haïti, est aujourd'hui l'un des pays les plus pauvres et les plus désorganisés du monde, dont elle est devenue la risée des anciens colons ou experts internationaux. Avant et après le séisme du 12 janvier, la presse internationale savait présenter le pays comme un État fragile. Haïti qui était, jadis, la perle des antilles ou le pays essentiellement agricol, est aujourd'hui incapable de nourrir ses fils. Ce même constat négatif est donc fait par les institutions nationales. Selon un rapport du Conseil national de la sécurité alimentaire (CNSA), 80% des Haïtiens vivent en dessous du seuil de pauvreté et 54% dans la pauvreté la plus totale. Le taux de chômage atteint plus de 65% de la population. Donc, pour comprendre la problématique des modes de vie des Haïtiens, il s'avère important de le placer dans la thématique des classes sociales.

Classes sociales

Par définition, une classe sociale est *« un sous-ensemble d'une population qui se trouve placée en situation inférieure ou supérieure par rapport à d'autres groupes socio-économiques »*. Mais, dans le cas d'Haïti, la division des classes est si complexe et celles-ci sont si distantes les unes des autres qu'elle dépasse toute notion normative de société. Cette division de classes reste une problématique et un phénomène éminemment complexe, défiant *« au plus haut degré la caractéristique de tout fait social »*.

120

« La description des diverses strates sociologiques des sociétés humaines varie selon l'approche philosophique, idéologique ou encore religieuses des analystes. Le poids historique de la notion marxiste de classe sociale la fait parfois confondre avec celle, moins réduite, de catégorie sociale, d'où l'emploi courant de la notion de société de classes ». La stratification sociale haïtienne dépeint le schéma d'une société désorganisée aux niveaux politique, économique et social avec vraisemblablement une carence d'homogénéité en leur sein. Il est certes que les Haïtiens ont des points communs dans leurs attitudes, comportements et autres, mais l'extrême misère et pauvreté sépare largement les modes de vie des Haïtiens. À priori, l'acte de naissance des enfants haïtiens est empreint de discrimination, en tant que paysan, citadin, etc.

Discrimination à la naissance

C'est dans ce pays que s'est faite une différence entre l'acte de naissance de citadin et de paysan. L'acte de naissance d'un Léogânais, Jacmélien et Gonaïvien est différent de celui d'un Port-au-Princien. Il existe aussi de différentes catégories d'actes de naissance tels que paysan ou citadin. Un enfant qui est né du mariage d'un couple est considéré comme enfant légitime, alors que l'enfant qui est né d'une union libre est appelé naturel et celui dont le père a déjà contracté mariage est appelé enfant adultérin.

Plusieurs essais et travaux de recherche ont été conduits par des sociologues, chercheurs, étrangers et haïtiens sur le mode de vie et la stratification de classes en Haïti. C'est le pays où, si l'on veut vraiment écrire, on peut publier des milliers de livres et autres matériels académiques. Mais, pour comprendre cette grande différence entre les enfants haïtiens, il faut, un matin, emprunter la route conduisant à

Fermathe, Kenscoff, Laboule ou Bourdon, etc, afin de remarquer que certains enfants sont assis à l'arrière des voitures luxueuses de leurs parents, tandis que d'autres – dont leurs pères et mères sont encore en Afrique, si je peux utiliser les mots de l'empereur Jean-Jacques Dessalines, puisque, jusqu'à présent, le pays n'est pas libre pour tout le monde – restent sur les trottoirs avec leurs paniers de légumes et leurs boîtes de cireurs de bottes. Et si, parmi ces enfants issus de parents pauvres, un faible pourcentage a eu la chance d'aller à l'école, ils sont obligés de marcher de très longues distances pour aller dans des écoles publiques mal construites avec des instituteurs non qualifiés.

Depuis la ratification de la Convention Internationale des Droits de l'Enfant par Haïti le 23 décembre 1994, *« un regain d'études et de réflexions sur la situation des enfants se tient dans le pays, réalisé autant par des organismes nationaux qu'internationaux que par l'État haïtien. Chacune de ces études renvoie à une autre plus détaillée, parce que les informations recueillies ouvrent de nouvelles pistes de réflexions »*.

Quand nos jeunes filles ne sont pas sexuellement exploitées ou abusées, elles deviennent des *restavèk* dans les grandes maisons, ou bien marchandes dans les marchés publics près des maisons luxueuses des autorités locales ou nationales.

La situation des enfants d'Haïti est très préoccupante, selon des données disponibles dans le rapport mondial annuel sur la situation des enfants, rédigé par le Fonds des Nations-Unies pour l'Enfance (UNICEF). En Haïti, chaque année, 30 000 des 1,2 million d'enfants de moins de cinq ans meurent sans avoir atteint cet âge, peut-on lire dans ce rapport.

Le taux de scolarité infantile est de 54% en Haïti alors qu'il est en général de 93% dans les Caraïbes. On estime à 173 000 le nombre d'enfants mis en domesticité dans le pays, à plus de 2 500 ceux qui vivent dans les rues de la capitale et les grandes villes urbaines et à plus de 2 000 ceux qui, tous les ans, sont victimes de trafics vers la République Dominicaine.

Les enfants constituent la population la plus vulnérable en Haïti. Très tôt dans leur vie, nombre d'entre eux sont exposés à des menaces qui mettent en danger leurs droits et leur dignité : abus sexuels, violences, trafic, prostitution, drogues, et pauvreté extrême.

Selon un rapport qu'avait publié la PADF : « *la pauvreté a conduit au moins 225 000 enfants à travailler comme des restaveks. Abondant dans le même sens, la Fondation panaméricaine pour le développement indique que certains de ces enfants, surtout les filles, sont soumis à des sévices sexuels, psychologiques et psychiques en travaillant dans des conditions très dures. Sur 257 enfants interrogés à Cité Soleil, plus de la moitié ont indiqué être « des esclaves domestiques »*.

Éducation en Haïti

La situation de l'éducation en Haïti est pour le moins préoccupante et demande d'être prise en compte par le nouveau gouvernement, si on veut toutefois éviter une « continuité » en termes de formation académique pour deux catégories différentes d'enfants. Selon des études, « *le taux de scolarisation global chez les enfants de 6 à 12 ans n'est que 44% et dans les campagnes n'atteint pas même 25%. La qualité de l'enseignement est gravement compromise par le niveau général insuffisant des enseignants et des écoles* ».

Quant á des experts dans ce domaine, l'éducation haïtienne est défaillante : il y a carence d'encadrement pour les enfants à la maison, carence de matériels, classes mal conçues, mal équipées et surchargées, manque de manuels scolaires pour les élèves et les enseignants.

Donc, au lieu d'être une institution capable de former des agents de développement au niveau national et international, le système ne fait que drainer des ressources et des capitaux du Trésor Public, sans pour autant former des éléments productifs pour la société et le monde. *« Les élèves quittent l'école comme des intellectuels ratés, sans avoir non plus de compétences techniques pour subvenir à leurs besoins ».* Pour un pays doté de milliers d'écoles primaires, mais dont un fort pourcentage est sous les tentes puisque bon nombre ont été détruites par le séisme du 12 janvier, plus de 90% de ces écoles *« sont contrôlées par le secteur privé et les organisations religieuses ou des ONG et un taux de fréquentation de 67%, dont seulement 30% atteignent la fin du système primaire ».* Qu'en est-il de Port-au-Prince, la capitale ?

La République de Port-au-Prince

Après plus de 200 ans d'indépendance, le bilan est lourd et catastrophique. Deux siècles après l'épopée de Vertières, c'est une nation divisée, déchirée où le colonialisme se poursuit sans les colons. Haïti est le pays où la capitale elle-même est complètement séparée du reste du pays, non seulement en termes d'infrastructures, mais aussi au niveau des services de base : c'est un monde à l'envers. Le sociologue aussi bien que l'urbaniste qui écrira sur Haïti vous diront non seulement que c'est une ville qui défie toutes les normes sociologiques de classes, mais ils vous diront aussi que c'est un grand bidonville qui ne respecte pas les normes de l'urbanisation.

Port-au-Prince n'est pas seulement la capitale du pays, elle est aussi la République même d'Haïti, puisque c'est là que résident le Président, les 30 sénateurs et les 99 députés. C'est là que tout est concentré. Haïti est le pays où des « *mounn an deyo* » se trouvent dans les provinces et les communes les plus reculées sans accès à l'éducation, aux soins médicaux, à l'eau potable, aux structures et infrastructures de base répondant aux normes internationales de modernité. Pour se procurer d'un passeport, d'un extrait d'archives, d'effectuer un voyage à l'étranger, faire des études universitaires ou trouver un bon emploi, il faut rentrer à Port-au-Prince. Même là encore, dans cette capitale bidonvillisée, il faut avoir des connections avec des grandes personalités politiques ou de la société civile pour que les choses puissent se faire vite et bien. « *Moun n andeyo yo (ceux de l'extérieur de la capitale) pa gen men m mwayen ak sa yo ki nan kapital* ».

Pétion-Ville, « *dual city* »

Il existe des ghettos partout en Haïti. Port-au-Prince, la capitale elle-même, est une ville ceinturée de bidonvilles et de ghettos. Cité Soleil, la Saline, Solino, Raboteau, Sainte-Hélène, La Forcette sont les principaux ghettos d'Haïti. Mais comme on ne peut tous les citer dans un court article de quelques pages, parlons plutôt de la ville de Pétion qui se trouve à l'est, à quelques kilomètres de Port-au-Prince.

Pétion-Ville qui, autrefois, était une ville huppée, est aujourd'hui, une ville-ghetto où deux peuples connaissent deux modes de vie. Dans les rues Métellus et Lambert, se trouvent d'un côté, la ravine, de l'autre, le grand marché public. Dans cette ravine, on découvre une autre vie. De là, les ravins ont leurs propres restaurants *(chen janbé)* et commerces. Ils habitent dans des taudis faits de tôles, de cartons et tous objets abandonnés. Sous les tentes, des enfants entre 10 à 12 ans, qui devraient être dans des salles de classes, jouent au poker. Là, on peut aussi découvrir de gros cochons créoles qui défilent, les uns après les autres, sous les yeux des autorités locales, comme dans une compétition organisée par les dirigeants de cette commune.

C'est dans cette ville, malheureusement jusqu'au 28 novembre 2010, date à laquelle on prépare les élections pour la « continuité », que la modernité et civilisation ne sont pas encore à la porté de certains résidents. Ils sont ignorés des autorités locales et nationales. À côté de l'image triste énumérée plus haut, on voit des marchés un peu partout à Pétion-Ville. Mais en traversant le marché de la rue Lambert et Mételus et arriver à des restaurants comme le *Coin des Artistes, Mancheez, Dominoes Pizza* et *Chez Harris* sur la route de Bourdon, on doit avoir honte d'être Haïtien et indépendant depuis 1804. Ceux qui possèdnt quelques gourdes et billets verts, pour aller manger dans ces endroits coincés de quelques mètres sans parking, le font le plus sont souvent dans des 4x4 ; ils n'ont donc pas vraiment de temps pour voir l'état defoncé des rues, ainsi que des jeunes filles qui font le trottoir pour survivre.

On peut prendre n'importe quelle ville d'Haïti, on trouvera des exemples classiques de misère et de pauvreté. Mais restons-en à Pétion-Ville. Certains enfants y vivent dans l'abondance. Ils vont dans les meilleures écoles du pays. Ils voyagent quand ils sont en vacances. Ils ont leurs ordinateurs et des téléphones de marques récentes. Ce n'est pas un problème puisqu'il y a des gens aisés partout. Si vous êtes un rude travailleur ou un professionnel, il est normal que vos enfants vivent bien. Cependant, la vie n'est pas aussi belle pour les enfants des Morne Hercule, de Morne Calvaire et du quartier Jalousie. Dans ces zones-là, c'est le monde à l'envers. Dans ces ghettos, des familles de 5, 6, et 7 personnes vivant dans une chambrette sans confort moderne telles l'eau potable, l'électricité et autres commodités.

La problématique de bidonvilisation et la pauvreté en Haïti restent deux phénomènes aussi complexes l'un que l'autre. La crise de bidonvilisation qui prévaut en Haïti, notamment à Morne Hercules, à Morne Calvaire et dans le quartier de Jalousie à Pétion-Ville, *« a entraîné des manifestations de certaines situations socio-économiques vraiment néfastes à la survie de la population défavorisée »*. À Pétion-Ville comme dans bien d'autres endroits en Haïti, il y a *« une minorité qui détient toutes les richesses (détenteurs du pouvoir politique, propriétaires de grands commerces, de grands revenus adéquats afin de jouir des grands modes de vie), tandis qu'il y a une grande majorité pour qui la vie sur terre devient un enfer. Cette dernière vit dans l'instabilité économique, dans la pauvreté, dans l'insatisfaction des besoins de bases ou primaires »*.

C'est aussi dans cette Haïti divisée avec des stratifications sociales aussi poignantes et visibles plus de deux cents ans après l'Indépendance que l'inégalité la plus criante continue de faire son chemin entre *« sa ki pa gen anyen e sa ki gen twop »*. Comment est-on arrivé à une si grande disparité ? Quel est donc le rôle des autorités locales et nationales ?

Selon Pierre Raymond Dumas, le pays a connu des mutations épouvantables : la perte des valeurs et des repères a été l'une des monstruosités qui expliquent tant de perversions d'ordre politique, institutionnel et moral, religieux et social. La jeunesse, face à la drogue, au banditisme, à la prostitution, à la corruption, au chômage et à la violence, est livrée à elle-même.

Pour le Dr Joseph Lafortune, dans son article en date du vendredi 27 novembre 2009, *« plus de deux cents ans après sa*

127

fondation, Haïti est en proie à une crise multiple. Confrontée à une gestion politique désastreuse qui remonte à son Indépendance, Haïti est aussi en proie à une crise économique et sociale qui a considérablement handicapé son développement. À cela s'ajoute une panne de leadership responsable, la corruption érigée en système depuis plusieurs décennies ». Il poursuit : *« Les différents gouvernements qui se sont succédés à la tête de l'État ont toujours promis d'améliorer les conditions de vie de la population, de mettre le pays sur les rails du développement durable, d'alléger les souffrances du peuple, de renforcer les institutions, d'œuvrer à la construction d'un État moderne, démocratique où les droits humains sont garantis et respectés, etc. La modernisation et la consolidation institutionnelle de l'État et du système politique, la démocratisation et la régulation de la vie politique, le développement durable sont autant de défis auxquels le pays fait face et que ses dirigeants n'ont pas pu relever jusqu'ici. Non pas parce que ces problèmes n'ont pas de solution, mais parce que nos dirigeants ne se sont pas toujours hissés à la hauteur de la tâche qui leur est confiée ».*

Pour finir, comme Mr. Dumas, le Dr Joseph a touché du doigt les deux décennies de mauvaise gouvernance du post-Duvalier : *« Depuis la chute de Jean-Claude Duvalier en 1986, Haïti se cherche et peine à construire un État de droit et démocratique. La transition dure depuis plus de deux décennies, mais la plus grande confusion perdure et nos problèmes deviennent plus complexes et plus difficiles à résoudre ».*

Donc, vous vous ne trompez pas, Mr. le diplomate et membre de l'organisation humanitaire. Vous allez rentrer dans ce pays qui avait eu une couverture médiatique internationale lors du tremblement de terre du 12 janvier 2010. C'est ce pays qui vient tout juste d'avoir des élections générales le 28 novembre dernier 2010 pour élire 99

128

députes, 11 sénateurs et un Président de la République. Oui, vous allez rentrer au pays du Président Préval, mais c'est un morceau de terre où tout se faire à l'envers. C'est un pays où deux groupes de gens vivent, l'un, dans l'abondance et l'autre, dans l'extrême pauvreté.

Prof. ESAU Jean-Baptiste

Texte 19

HAÏTI – 1986-2011 :
vingt-cinq ans d'échec démocratique

Depuis les irrégularités électorales du 28 novembre 2010, l'actualité politique haïtienne avait très largement dominé et occupé la presse locale et internationale. Elle avait aussi bien préoccupé les ambassades des pays amis. Mais avec la proclamation officielle des résultats définitifs du premier tour des élections législatives et présidentielles et un second tour programmé pour le 20 mars 2011, une étape importante vient d'être franchie dans la crise. Cependant, on n'aura pas de Président élu au 7 février 2011, la date constitutionnelle pour l'arrivée en fonction du Président élu. Compte tenu de l'importance capitale de cette date, on peut s'attendre a de nombreuses manifestations populaires à travers tout le pays, si toutefois, le Président Préval est encore au pouvoir.

Même avec un second tour en perspective, la crise électorale du 28 novembre 2010 sera enregistrée dans les annales politiques haïtiennes comme l'un des événements malheureux qui ont remarquablement jallonné l'histoire du peuple haïtien. Déjà, à l'horizon, se dessine le spectre effrayant des repercussions incertaines qui auront profondément marqué l'existence même du pays. Comment Haïti est-elle tombée aussi bas, jusqu'à l'incapacité même d'organiser des élections ? Pour mieux comprendre Haïti, il s'averait important de cerner les problèmes conjoncturels et structurels de la politique du pays durant les vingt-cinq années de transition démocratique.

À travers la résonance des mouvements estudiants, paysans, médiatiques et réligieux, particulièrement avec le soutien des jeunes prêtres de la théologie de libération, il

131

était clair que le peuple voulait en finir avec la dynastie des Duvalier, vieille d'environ trente ans. Il voulait aussi une « révolution démocratique » pour le changement politique d'abord, économique et social ensuite. Dans l'Haïti dirigée par les Duvalier, le Président occupait un pouvoir à vie, avec la prérogative de pouvoir choisir son successeur. Donc, dans ses revendications massives, le peuple demandait le partage équitable des richesses du pays. Il réclamait aussi le droit de vote, afin de choisir lui-même qui devrait le diriger. En un mot, les masses et la classe politique de l'opposition, qui avaient toujours été exclues des affaires politiques du pays, ont voulu le départ des Duvalier et se sont associés pour une Haïti avec de conditions de vie meilleures.

Après plus d'un quart de siècle de gouvernement, la famille Duvalier a définitivement quitté le pays pour aller s'établir en France. Au lendemain du 7 février 1986, on se retrouvait dans un pays toujours endommagé par l'inégalité sociale et économique. C'était un pays sans emplois, avec un système de santé et d'éducation désuet, un appareil judicaire paralysé qui se vendait au plus offrant que laissait la dynastie des Duvalier. Dans les mornes et les localités reculées, les paysans sont abandonnés à eux-mêmes. La majorité de la population croupissait dans les bidonvilles sans accès aux services de base. En un mot, cette Haïti finalement laissée par les Duvalier après 29 ans de gouvernance était complètement en rétard du point de vue de progrès et de développement. Donc, face à tous ces problèmes, l'attente du peuple haïtien vis-à-vis du nouveau locataire du palais national était grande. *« Le moment d'euphorie populaire qui s'ensuivit coïncida avec celui du déchaînement des espoirs, de tous les espoirs ! Tous les rêves étaient permis ».* Mais au-delà de tous les discours creux et les promesses fallacieuses des politiciens véreux, le besoin de sortir Haïti d'une dictature démoralisante pour passer à une démocratie durable s'avérait plus que jamais imminent.

À priori, c'est quoi, une transition démocratique ? Serait-elle applicable dans un pays confronté à des problèmes politiques aussi sévères que ceux d'Haïti ? *« La transition démocratique se rapporte à un processus politique du mouvement visait à établir un système politique démocratique, lancé ou de ci-dessus ou de ci-dessous ou d'une combinaison de tous les deux, permettant la négociation et le compromis parmi différentes forces politiques pour la résolution des conflits sociaux, institutionalisant les structures et les procédures pluralistes par lesquelles on permet à différentes forces politiques de concurrencer pour le pouvoir, régularisant son transfert, et s'engageant dans la transformation fondamentale de la structure politique. Elle s'étale en général sur plusieurs années et des contextes très différents »*.

Selon Nathalie Delcamp, la transition démocratique comprend deux phases :
1. **La transition politique**, qui désigne le « passage d'un régime à un autre. »
2. **La consolidation de la démocratie** durant laquelle le défi majeur consiste à assurer une évolution relativement stable du processus démocratique engagé dans la transition.

Pour parvenir à cette transition démocratique indispensable a sa survie, Haïti devrait tenir compte des expériences pénibles du passé, surtout après le départ de Jean-Claude Duvalier en 1986, pour divorcer d'avec les anciennes pratiques du jeu politique macabre établi par des politiciens traditionnels. Un tel rejet aurait le noble objectif de préparer un terrain propice à l'apparition sur la scène de nouveaux acteurs politiques équipés de nouvelles méthodes de changements et de nouvelles configurations stratégiques. Selon Delcamp, *« cette transition est complète lorsqu'un gouvernement arrive au pouvoir comme le résultat direct du suffrage libre et populaire, quand ce gouvernement dispose d'un pouvoir souverain pour générer de nouvelles politiques publiques, et quand les pouvoirs exécutif, législatif et judiciaire, nés de la nouvelle démocratie, n'ont pas à partager le pouvoir avec d'autres corps de droit ».*

Quant au processus de consolidation, il implique, dans le cadre des règles du jeu politique désormais bien définies, non seulement une redistribution des cartes politiques, mais encore de nouvelles tactiques de jeu.

«La gestion des conflits par voie démocratique ne saurait être entendue comme l'élimination du conflit». Étant le *«corner stone»* de la démocratie, les élus et responsables d'Haïti devraient, tout en œuvrant au renforcement des institutions étatiques, prôner la tolérance, initier et encourager le dialogue aussi bien que le compromis entre les partis opposés. Toute démarche démocratique doit permettre la participation des divers interêts politiques en présence, laissant à l'ensemble des acteurs la possibilité de trouver une voix d'expression. Étant un élément primordial dans le cadre de survie et de consolidation de la démocratie du pays, l'initiation et l'encouragement du système pluraliste politique devait donc être une priorité des autorités haïtiennes. *« Autrement dit, les gouvernements en place doivent garantir efficacement le maintien du régime démocratique avec le soutien, à la fois de la société civile et des autres acteurs politiques ».*

Haïti et les stratégies de transition démocratique

Pour comprendre l'analyse de la transition démocratique en Haïti, il faudrait se poser les questions suivantes :

1. Quels sont les moyens utilisés par les autorités haïtiennes pour atteindre l'objectif démocratique ?
2. Pouvaient-ils, dans une certaine mesure, répondre à une « rationalité démocratique » ?

3. Existe-t-il une quelconque stratégie de transition démocratique générale applicable à tous les pays ?
4. Les autorités haïtiennes, avaient-elles, au contraire, procédé selon les exigences et contextes internationaux du moment ?
5. Ou bien, avaient-elles utilisé des moyens adéquats pour faire fonctionner la société haïtienne selon sa culture et réalité politique, tout en tenant compte, bien entendu, de la valeur des normes démocratiques ?

Autant de questions qui, aujourd'hui, demandent des réponses immédiates.

« L'évolution du pays vers la démocratie et les principes de l'État de droit s'accélèrent depuis la fin des années 90 par l'application des nouvelles réformes radicales sur le plan institutionnel, politique et social ». C'était exactement pendant cette période que les gouvernements d'Haïti (post-Duvalier) auraient dû, en quelque sorte, dynamiser la transition démocratique et capitaliser sur la priorité du moment, qui était d'organiser des élections. Dans le cadre d'une conception nouvelle, ils auraient dû rompre avec l'ordre ancien de statut quo et de violations de droit de l'homme. Comme la presse était déjà en son plein épanouïssement de liberté d'expression et d'opinion, l'autre priorité d'alors était de renforcer les lois sur les partis politiques ainsi que des réformes juridiques et économiques.

Travailler au renforcement des institutions démocratiques

« La persistance des tensions politiques et le non-respect des institutions nationales risquent d'avoir de graves conséquences sur l'économie et la coopération internationale », disait un Premier ministre haïtien. Donc, une fois parvenu à la

concrétisation d'efforts concertés, il devenait une priorité, dans le cadre d'une continuité, tant pour les militaires que pour les gouvernements sortant des élections, de manifester la volonté de couper court à la violence, aux coups d'État, aux assassinats politiques du passé et de tourner la page avec plus de garantie d'une rupture irréversible. Cette stabilité politique aurait pour conséquences l'échéance des calendriers électoraux, le respect du renouvellement constitutionnel et démocratique des élus, et du même coup, la création d'un climat de confiance sécuritaire, pour que les financiers haïtiens et étrangers puissent investir au pays et faciliter la création d'emplois durables.

La transition et la consolidation de la démocratie constituent donc deux processus qui évoluent en fonction du choix des principaux acteurs de la scène politique. Ces deux moments s'inscrivent, on l'a vu, dans des contextes différents et induisent, pour les acteurs, des enjeux distincts. Mais ces deux situations sont tout de même intimement liées. *« En fait, on ne peut prétendre appréhender le processus de consolidation de la démocratie sans tenir compte de la situation de crise précédant la transition et des conditions qui ont entouré le processus de transition politique lui-même »*, a affirmé Nathalie Delcamp.

Toutefois, réussir la transition démocratique impliquerait la mise en œuvre des pratiques et consignes de la communauté internationale, selon les pré-requis et concepts du nouvel ordre mondial. *« Car qui finance commande »*, dit-on. Une rupture avec le régime dictatorial pour se tourner vers la transition démocratique ne serait pas possible sans le soutien et la bonne volonté des amis internationaux d'Haïti. Donc, il convient de souligner qu'en dépit des théories et méthodes sur la transition démocratique, la communauté internationale a un rôle primordial à jouer : *« Cet espoir dépend également de la communauté internationale, qui devra repenser sa coopération, en réduire les gaspillages et les disfonctionnements et en accroître l'efficacité au bénéfice des plus pauvres. »*

Construire un État de droit nécessite la mise en place des institutions viables et crédibles pour de très bonnes élections avec la participation de leaders responsables et engagés. Dans cette conjoncture, le gouvernement qui se veut démocratique devait, d'entrée en jeu, accorder une priorité maximale aux valeurs fondamentales de la démocratie républicaine. De ce fait, il devait se doter d'institutions sociales et politiques supposées capables de le rendre opérationnel dans l'accomplissement les missions qui lui sont confiées. La création d'institutions sociales comme, entre autres, l'Office de Protection du Citoyen, la révision de certaines institutions politiques telles que le Parlement, l'étendue de ses pouvoirs et son articulation avec l'Exécutif devenu bicéphale, sont des exemples concrets qui témoignent, du même coup, du régime politique choisi.

C'était, quoique mal parti au départ, dans ce contexte que, le 19 octobre 1986, le CNG a mis sur pied la formation d'une assemblée constituante avec pour urgente mission de doter le pays d'une constitution. *« La citoyenneté debout, savourant sa victoire, prenant de plus en plus conscience de ses immenses responsabilités historiques vis-à-vis des générations futures, scella, avec le nouvel État, dans la Constitution du 29 mars 1987, un pacte de rupture définitive avec les forces obscurantistes du passé. »*

La Constitution de 1987

Autant l'assemblée constituante était decriée, *« autant la nouvelle constitution était choyée. »* Mettant les duvalieristes au rancart pendant dix ans, pour exprimer sa frustration et vengeance contre le statut-quo macoutique, cette constitution a été, par voie référendaire du 29 mars 1987, massivement approuvée par le peuple haïtien. En dépit de ses faiblesses apparentes, la constitution de 1987 recèle des principes d'innovations. *« Elle prévoit la séparation des trois (3) pouvoirs de l'État, prône la décentralisation des pouvoirs jusqu'au niveau de la plus petite entité administrative du pays – la section communale –, la participation des citoyens à tous les échelons du pouvoir. Peut-être la plus grande innovation de cette constitution est-elle la formation d'un conseil électoral, chargé de planifier et d'organiser les élections à tous les niveaux ».*

Le Conseil Électoral Provisoire

Selon Marcel Painchaud dans son ouvrage *Introduction à la vie politique*, tous les gouvernements démocratiques disposent d'une loi électorale qui leur permet de prévoir les étapes à suivre pour favoriser la participation des citoyens à l'élection. Dans le cas d'Haïti, comme le pays venait tout juste de sortir d'un gouvernement dictatorial, il n'existait pas d'institutions appropriées pouvant organiser les scrutins. Donc, il était dans l'obligation du Conseil National de Gouvernement de mettre sur pied des structures électorales pour la bonne marche d'une élection démocratique et honnête, ce qui a en conclusion résulté à la création du C.E.P.

Selon les articles 191 á 199 de la Constitution 1987, il y a provision pour un Conseil Électoral Permanent avec pour mission d'organiser, en toute indépendance, des élections à tous les niveaux dans tout le pays. *« Le Conseil électoral permanent est chargé d'organiser et de contrôler, en toute indépendance, toutes les opérations électorales sur tout le territoire de la république jusqu'à la proclamation des résultats du scrutin ».* À défaut d'un conseil électoral permanent, comme il est prévu dans la constitution, en date du 13 mai 1987, le Conseil National du Gouvernement nommait les membres du CEP (Conseil Électoral Provisoire) aussi bien d'un décret organisant l'institution électorale. *« En attendant l'établissement du Conseil Électoral Permanent prévu dans la présente constitution, le Conseil National de*

Gouvernement forme un Conseil Électoral Provisoire (CEP) de 9 membres chargés de l'exécution et de l'élaboration de la Loi Electorale devant régir les prochaines élections ». Mais seraient-elles crédibles sans, bien entendu, le soutien de l'armée d'Haïti ?

L'armée d'Haïti

Réussir une transition démocratique dans le pays, devait, inévitablement, inclure la participation de l'armée d'Haïti, non seulement parce qu'elle controlait le pouvoir après le 7 février 1986, mais encore en tant que seul garant de la sécurité nationale. Malheureusement, les premiers mois ont rapidement fait remarquer que l'institution militaire n'était pas une force sur laquelle on peut compter dans le processus démocratique. *« Le 7 février 1986 a ravivé les aspirations des militaires haïtiens. Cette date, importante pour l'armée d'Haïti, a dissipé sa nostalgie qui remonte à l'époque ou Paul E. Magloire faisait 'la pluie et le beau temps'. En ce temps la, le colonel Magloire nomme et révoque les chefs d'État à son gré. Si pendant 30 ans l'armée d'Haïti a gardé religieusement ses casernes sans franchir les limites de ses droits et devoirs, c'était pour attendre, en silence, l'exaucement de sa prière faite avec ferveur : que son règne vienne pour que sa volonté domine sur le pouvoir exécutif et judiciaire ».*

Gérard Bathélémy, dans son livre *les Duvalieristes après Duvalier*, déclare : *« D'ailleurs, on précise volontiers que, seul, François Duvalier avait su mater cette institution et la maintenir en dehors du jeu politique. Donc, c'est dans un contexte très difficile que, sous un régime militaire, les premières élections post-Duvalier devaient avoir lieu le 29 novembre 1987 ».*

Élections post-Duvalier en Haïti

« Le départ de Jean-Claude Duvalier en 1986 et la mise à l'écart de l'institution militaire après le retour à l'ordre constitutionnel en octobre 1994 annonçaient une nouvelle ère de l'implantation des institutions pour le respect des valeurs républicaines. Depuis lors, toutes les élections organisées dans le pays ont été orientées dans l'intérêt du parti au pouvoir ». Pendant 25 ans d'expérience de transition démocratique, sous la supervision et la collaboration des experts de la communauté internationale, les Conseils Électoraux Provisoire ont organisées plus d'une dizaine d'élections en Haïti. Dans son article *les élections : un casse-tête haïtien,* le professeur Guy-Michel Vincent déclare : *« aucune d'elles n'est sans reproche, par excès ou par défaut ».* Depuis la journée macabre du 29 novembre 1987 marquée par le massacre de la ruelle Vaillant jusqu'à celles controversées du 28 novembre 2010, quand elles n'ont pas donné lieu à des violences, presque toutes les élections en Haïti ont toujours été entachées d'irrégularités. En commentant les crises politiques haïtiennes d'après 1986, le professeur Vincent a traduit la période électorale post-duvaliériste comme une réalité tumultueuse en Haïti.

« Si les élections représentent le mode démocratique de désignation du personnel politique, des urnes sortent trop souvent en Haïti des dictateurs, contempteurs de la démocratie ». La transition démocratique de l'après Duvalier, a donné suite à une série de gouvernement éphémère, coup d'États, assassinats politiques, interventions militaires et répétitions d'élections. De ces élections sont issus des élus à tous les niveaux de la vie politique qui, malheureusement, n'ont apporté aucun soulagement aux maux qui rongent le pays si ce ne sont que des opportunistes et des avares du pouvoir. Si le pouvoir de l'amour, pouvait un jour surpasser l'amour du pouvoir des politiciens

haïtiens, alors le pays serait déjà sur la voie de la démocratie et du progrès.

Dans une démocratie, on a souvent besoin d'une majorité parlementaire pour pouvoir faire avancer tout agenda politique. Mais dans le cas d'Haïti, les hommes forts ont toujours opté pour la totalité et ceci a n'importe quel prix. La crise des élections de mai et de novembre 2000 est un exemple classique. Cette malheureuse expérience a conduit, non seulement á une crise politique de trois ans, de 2001 à 2004, mais encore á l'établissement d'une force multinationale de maintien de la paix dans le pays.

La crise continue

« De 1993 à aujourd'hui, Haïti a accueilli cinq missions d'appui et de maintien de la paix : la MINUHA (Mission des Nations-Unies en Haïti), la MANUH (Mission d'appui des Nations-Unies en Haïti), la MITNUH (Mission de transition des Nations-Unies en Haïti), la MIPONUH (Mission de police civile des Nations-Unies en Haïti), et la MINUSTAH en 2004. » De la MINUHA en 1993 à la MINUSTAH (Mission des Nations pour la Stabilisation en Haïti) en 2004, jusqu'à présent le pays continu à se destabiliser. Pendant les dix dernières années, Haïti a reçu la visite de beaucoup de chefs d'États étrangers aussi bien que d'experts. Quant aux ONG (organisations non gouvernementales), elles poussent, surtout après le séisme du 12 janvier 2010, comme des champignons ou des mauvaises herbes dans des terrains abandonnés. *« À telle enseigne qu'on peut parler de république des ONG »*, mentionnait Raymond Délerme.

Mais, comme toujours, si la présence de ces organisations continue de faire l'affaire d'un petit groupe de privilégiés, les masses défavorisées, quant à elles, n'ont vraiment pas bénéficié des actions dites humanitaires de ces institutions. « *Se lavé men siyé a tè* », a déclaré un jeune homme au Champ de Mars. On dirait que c'est un pays qui défie toutes les expertises. « *La population n'a pas pu voir les bénéfices de cette coopération qui, trop souvent, a pris la forme d'assistance technique, euphémisme désignant les rémunérations importantes des experts dont les rapports, souvent redondants, s'empilent sans être suivis du moindre effet. L'exode des boat people s'est poursuivi vers les Bahamas, la Floride et les Antilles françaises. Par milliers, les Haïtiens ont continué de traverser clandestinement la frontière vers la République Dominicaine voisine* ».

De la ville des Gonaïves où se déroulaient les festivités du 207ème anniversaire de l'indépendance d'Haïti, le Président Préval a déclaré : « *Aujourd'hui, nous sommes à un carrefour dangereux. À côté des calamités naturelles, nous sommes dans une crise politique issue des élections du 28 novembre 2010* ». On peut comprendre les catastrophes naturelles, mais politiquement, comment Haïti en est-elle arrivée là ? Peut-on en blâmer tous les Haïtiens ou les autorités politiques de l'après 1986 et leurs alliés de la communauté internationale ?

À côté des juges de la Cour de Cassation qui ne sont pas constitutionnellement nommés, il y a aussi le problème de la 49ème Législature qui n'était pas rentrée en fonction le deuxième lundi (10) de janvier. Il n'y aura pas non plus de Président élu au palais à la date prévue par la constitution. « *C'est un président légitime et des parlementaires légitimes qui doivent remplacer le Président, les sénateurs et les députés* », a recommandé M. Préval, appelant au respect de loi électorale et de la Constitution du pays « *pour éviter de tomber dans une crise plus grave.* » Un rappel pour le Président : « *La durée du mandat présidentiel est de cinq (5) ans. Cette période commence et se termine le 7 février, suivant la date des élections.* » (Article 134-1.) Il est aussi mentionné que : « *Le Président de la République ne peut bénéficier de prolongation de mandat.* » (Article 135)

Le Président avait tout son mandat pour nommer les juges. Pour combler le tiers du Sénat, il devait aussi organiser les élections à temps. Avec un système judiciaire handicapé, un parlement inexistant et inopérant depuis les votes de mai 2010, le Président dirige seul. Avec la possibilité d'un gouvernement provisoire ou la prolongation du mandat présidentiel qui se dessine à l'horizon, on peut, comme les autres, dire bien haut que c'est un bilan négatif que ces vingt-cinq ans de transition démocratique post-Duvalier ont laissé pour le pays et le peuple haïtien.

Vingt-cinq ans de bilan négatif

Le Chili et les Philippines, eux aussi, ont connu de longues expériences dictatoriales. Mais sans grandes difficultés, contrairement à Haïti, ils ont réussi leurs transitions démocratiques, alors qu'ils avaient commencé leur processus presque à la même époque qu'Haïti. Comment se fait-il que, jusqu'à présent, Haïti continue sa longue et difficile traversée vers un État moderne ? Non seulement les mauvaises expériences de la transition démocratique durent depuis vingt-cinq ans, mais encore « *la plus grande confusion perdure et les problèmes de Haïti deviennent plus complexes et plus difficiles que lors du départ de Jean-Claude Duvalier* ».

Lorsque Jean-Claude Duvalier quitta le Palais National en direction de l'Aéroport Maïs Gâté, il y avait de l'électricité sur tout son passage. Les rues étaient propres. Port-au-Prince n'était pas un bidonville comme elle l'est maintenant. Même si c'était avec les macoutes, les rues étaient sécurisées. En vingt-cinq ans, c'est-à-dire depuis février 1986, la « transition

143

vers la démocratie » a été un douloureux enchaînement de drames sanglants et de désenchantements. En dépit d'une importante aide internationale de l'ordre de centaines de millions d'euros, la première République noire est encore aujourd'hui le pays le plus pauvre des Amériques.

Relever le défi de la transition démocratique

« De toute évidence, la transition haïtienne a trop duré. La population est fatiguée et rompue, tandis que le pays accumule des retards mortifères au niveau de tous les grands défis. Mais comme Delcamp aurait pu dire : 'Il n'existerait donc pas de recette magique, mais d'avantage une nécessité de gérer de manière satisfaisante et habile un ensemble de problèmes théoriques et pratiques inhérents à la réalité qui est propre à chaque histoire et donc à chaque pays ». Tout en tenant compte de la réalité culturelle du pays et des exigences de l'heure, la réussite d'une transition démocratique en Haïti, devait être le résultat d'une combinaison de respect et de mise en œuvre de grands principes et normes démocratiques. Sans cette pratique et cet exercice, on peut toujours essayer, mais malheureusement on n'y arrive jamais.

Pour certains, Haïti est un État en faillite. Pour d'autres, Haïti présente une situation difficile. Haïti est le terrible exemple d'une double impuissance, à savoir locale et internationale, dit-on. Pour des experts de la communauté internationale, *« la situation sur le terrain reste encore volatile ».* Oui, il est visible à tout le monde qu'Haïti vit des situations difficiles, mais peut-elle s'en sortir par elle seule ? On est persuadé que le pays ne peut pas s'en sortir tout seul. Plus que jamais, Haïti a besoin de l'aide internationale pour l'aider à transformer son agriculture, à créer un système industriel moderne pouvant répondre aux besoins des villes, à développer les moyens d'une classe moyenne forte, à freiner la fuite massive des cerveaux vers l'extérieur ainsi que l'exode rural et à faire de la décentralisation une réalité. En un mot, dans son élan de solidarité, la communauté internationale doit tenir ses promesses. Avec des dirigeants compétents et expérimentés, Haïti parviendrait à résoudre ses problèmes conjoncturels aussi bien structurels.

Les acquis du 7 février

En dépit du bilan désastreux des 25 dernières années et d'un avenir incertain, il y a toutefois certaines choses qu'on peut considérer comme étant des acquis. *« Les progrès accomplis en matière de développement et de démocratie sont très minces. La liberté d'expression demeure jusqu'ici la plus grande conquête faite par Haïti au cours de sa longue et interminable période de transition marquée par la violation systématique de la constitution de mars 1987 »*, dit-on.

« Tout Haïtien a le droit d'exprimer librement ses opinions, en toute matière par la voie qu'il choisit. » (Article 28)

À cela s'ajoutent les acquis suivants :
✓ **le retour du drapeau bleu et rouge ;**
✓ **la constitution de 1987 ;**
✓ **l'utilisation du créole comme langue officielle**
✓ **le rôle et la participation des femmes aux affaires politiques du pays.**

Prof. ESAU Jean-Baptiste

Texte 20

Haïti : création d'emplois et reconstruction

Le forum sur l'investissement en Haïti qui avait eu lieu au Caribe Convention Center du 28 au 29 novembre (2011) avait suscité bien des remous au sein de la classe politique et de la société civile. Parmi ces questions, plus d'un restaient perplexe sur les défis que doivent faire face les autorités d'Haïti en termes d'infrastructures si toutefois elles veulent vraiment inciter les investisseurs a rentrer pour investir au pays. Des questions se posaient, celles qui avaient obtenu des réponses et d'autres sur lesquelles, il faudrait bien s'attarder. A dessein, certains se demandaient á tort ou a raison quel serait les retombées positives de ce forum? Déjà, la crédibilité de celui-ci est mise á rude épreuve puisque selon les plus pessimistes, que ce n'est pas la première fois qu'on voit ce genre d'activité dans le pays. Mais le plus important de tous ces questionnements est : comment trouver du travail pour une population en chômage ?

Il suffit à un investisseur d'atterri à l'aéroport de Maïs Gâté et d'effectuer une visite au centre ville pour se rendre compte de l'état des infrastructures routières du pays. Ceux qui vivent depuis un certain temps en Haïti, même dans les grands hôtels avec des voitures confortables, peuvent bien témoigner de la situation catastrophique du pays. Ils savent bien que plus de la moitié de la population vit dans l'extrême pauvreté. L'étranger qui vit en Haïti le sait aussi que le pays n'est plus essentiellement agricole. Dans l'Haïti d'aujourd'hui, la société se trouve chaque jour confrontée à des problèmes d'insécurité, de chômage, d'électricité et d'un système de transports défaillants, du coût élevé de la vie, de l'analphabétisme, de la corruption et de l'enrichissement illicite. Ouf ! La liste est

147

longue, dira un investisseur qui faisait une étude de marché sur Haïti. Mais est-ce qu'on doit s'attendre à ce que tout cela s'améliore avant de parler d'investissement ? Qu'est-ce qui vient en premier lieu : l'investissement ou l'infrastructure, la sécurité, la main-d'œuvre qualifiée ? C'est comme l'histoire de l'œuf et de la poule, vous répond celui-ci ou celle-là qui doute de la bonne réponse.

Quoi qu'il en soit, parler de création d'emplois, surtout de manière durable dans le pays ne doit pas être seulement une affaire d'organisation de forums sur forums. Le peuple haïtien ne demande pas la charité. Il ne veut pas non plus être ridiculisé. Il en assez vu de « *monte desann sa yo* » qui ne rapportent qu'aux responsables des hôtels de la place. Le peuple Haïtien veut un gouvernement qui, à travers la mise sur pied d'un programme élaboré, favorisera le développement de la sécurité et de l'emploi, le renforcement et la protection du pouvoir d'achat et aidera à mettre un frein à l'appauvrissement de la population. Il veut aussi un emploi pour pouvoir répondre à ses besoins personnels aussi bien que ceux de sa famille. De toute façon, les investisseurs ne sont pas des philanthropes : ils n'entreront pas au pays pour y faire des dons ou y créer des œuvres charitables. Comme les touristes, ils sont très exigeants. Ils viendront au pays pour investir et faire le maximum de profit sur chaque dollar investi. Donc, l'État haïtien doit les inciter à le faire.

Pour réussir dans ce projet de reconstruction, l'État doit créer un climat incitatif pour qu'enfin les financiers puissent rentrer au pays et y investir leurs capitaux, d'où la nécessité d'une politique stable et sécuritaire. Une fois le pays stabilisé, l'État, à travers ses agences gouvernementales comme les ambassades, les consulats et le Ministère des Haïtiens Vivant à l'Étranger entreprendra une campagne massive de promotion et de propagande, qui reviendra à présenter Haïti différemment, à l'échelle internationale.

148

Avec l'idée de redynamiser la diplomatie haïtienne, surtout avec des jeunes cadres formés dans des écoles de relations internationales, le Ministre des Affaires Étrangères, Mr. Lamothe, promet d'exiger des représentants de l'extérieur, une autre façon de faire de la diplomatie. Il est temps que la mauvaise conception que des gens de l'extérieur ont au sujet d'Haïti, à savoir celle d'un pays instable, vivant de chimères ou de « zenglendos », doit cesser. Haïti doit, aux yeux des investisseurs, avoir un autre visage. Si l'on veut que les investisseurs rentrent au pays, la presse internationale doit cesser de présenter Haïti négativement. C'est comme une « trade mark » pour le pays. Tout ce qui est négative est Haïti elle-même.

Mis à part la redynamisation de la diplomatie, comment pourrait-on demander à des investiseurs de venir investir au pays si les autorités n'offrent pas á ces derniers des opportunités ? Attirer les investisseurs à investir au pays nécessite le renforcement des institutions étatiques aussi bien que des infrastructures de communication de base. À côté de la durée de temps que peut prendre le processus pour régler les documents nécessaires au fonctionnement, résoudre les problèmes de l'électricité, de la communication, de l'eau potable, de l'infrastructure routière reste primordial dans le processus de reconstruction et de création d'emplois.

Avec le projet de reconstruction, Haïti devra se montrer plus compétitive et attractive dans la région. À travers de vastes programmes de promotion et de propagande, la tâche attribuée aux institutions sera de vendre l'idée selon laquelle Haïti, comme les autres pays des Caraïbes, dispose aussi d'une main-d'œuvre qualifiée répondant aux normes internationales. Ce sont des qualités que cherche tout investisseur ambitieux. Montrez-leur les avantages importants qu'ils pourraient en tirer, si toutefois ils ont choisi d'investir en Haïti.

Parler de création d'emplois, surtout de manière durable dans le pays, ne doit pas être seulement une affaire de l'État haïtien, de la communauté internationale ou d'un petit groupe de copains de la société civile, mais surtout une affaire nationale et internationale. D'où l'urgence d'en finir avec le *mounn pa*, et d'intéger la participation et la collaboration de tout en chacun, surtout des investisseurs venus des communautés haïtiennes de la diaspora. Leur inclusion s'avère importante pour la survie d'une telle entreprise. En termes de ressources humaines, la diaspora reste un atout qui, jusqu'à présent, n'a été exploité ni par les autorités haïtiennes ni par la communauté internationale

Économiquement, cette diaspora déverse annuellement des milliards de dollars en Haïti. Ce sont des fonds envoyés directement vers des amis et des proches parents. Mais cet apport économique reste, jusqu'à présent, inexploité à l'échelle nationale. Donc, au moment où on parle de création d'emplois, de reconstruction et de développement à long terme dans le pays, ne serait-il pas indispensable d'inclure les financiers haïtiens de la diaspora parmi d'autres qui auront à rentrer pour investir ? Ils disposent de l'expérience, des techniques modernes, des moyens financiers aussi bien que de l'amour patriotique. Ajoutez à tout cela qu'ils sont aussi habitués à se plier aux normes fiscales établies par les autorités du pays d'accueil.

Selon Lesly Pean dans le *Nouvelliste,* en date du 7 août 2009 : « *Haïti a 85% de sa force de travail qualifiée dans la diaspora. Cette force de travail qualifiée représentant une perte de 9% de son PIB, contrairement à la composition de la diaspora d'autres pays, est à l'origine d'une grande partie des flux de transferts financiers qui n'ont cessé de croître depuis deux décennies.* » Donc, dans cette démarche de création d'emplois, ce service, grâce à la présence et à la compétence des cadres de la diaspora, serait une nécessité primordiale.

Ajouté aux ressources humaines de la diaspora, beaucoup reste à faire dans le processus de création d'emplois. Depuis le départ de Jean-Claude Duvalier en 1986 jusqu'au dernier gouvernement sortant, nombreux sont les gouvernements civilo-militaires qui ont accédé à la magistrature suprême de l'État. Et jusqu'à cette date, on n'a pas vraiment une idée claire de ce que voulait faire l'État haïtien en termes de création d'emplois durables. Et c'est là que la nouvelle équipe d'Haïti doit faire montre de plus de compétence. La relance de l'économie et la création d'emplois doivent être une priorité s'ils veulent vraiment réussir leur quinquennat.

Il n'y avait, même avant le 12 janvier, pas vraiment de stratégies définies pour créer des emplois chez les institutions étatiques du pays aussi bien que dans la société civile. D'où la nécessité pour les autorités du pays d'élaborer une politique durable sur la création d'emplois. Auparavant, la communauté internationale prenait l'habitude d'investir des millions dans des projets d'assainissement dans des quartiers défavorisés ou zones dites de non-droit. Mais, pour une Haïti modernisée, les autorités haïtiennes aussi bien que les experts de la communauté internationale doivent investir dans des projets de développement plus durables.

Prof. ESAU Jean-Baptiste

Texte 21

Dilemmes des partis politiques haïtiens

La démocratie, c'est le gouvernement du peuple par le peuple et pour le peuple, disait le Président des États-Unis Abraham Lincoln. Cet idéal noble qu'est la démocratie a vu le jour en Grèce et s'est particulièrement illustré à Athènes. Aujourd'hui, elle est devenue, nationalement et internationalement, une exigence. *« En effet, en plus de cette référence au plus grande nombre, le terme s'est doublé d'une signification morale qui fait qu'un régime politique qui n'est pas qualifié de démocratique est aussitôt mis sur le banc de la societé internationale. Dès lors, tout régime qui veut être reconnu par l'ensemble des nations s'autoproclamera démocratique, même si dans les faits son gouvernement utilise une politique musclée et autoritaire ».* Cependant, cette démocratie ne saurait se comprendre sans faire référence aux partis politiques.

On a souvent l'impression que la vie politique en Haïti est une affaire de politiciens, de personnes influentes ou d'un petit groupe de copains. Si tel a été le cas pendant les décennies antérieures, il ne saurait en être ainsi puisque, depuis le 7 février 1986, certains acquis démocratiques ont vu le jour. C'est pourquoi le peuple n'est pas prêt à retourner aux moments sombres des époques dictatoriales, quoique beaucoup de commentaires aient été faits en termes de problèmes qui peuvent alors se poser. Cependant, l'idée en elle-même, nationalement et internationalement, perdure. Partout ailleurs, la liberté d'expression et d'opinion, fondement de la démocratie, continue de faire son chemin à partir des efforts des *« gouvernements modernes ou dits démocratiques qui ont mis au point, outre les élections, de nombreuses façons de rejoindre les gens et de les faire*

153

participer a la vie politique et problèmes nationaux de leur pays ». Par participation, on sous-entend que le peuple a bien le droit, à travers des structures politiques organisées, d'exprimer son point de vue, de prendre part à une décision ou encore de contester une décision.

Dans les sociétés dites démocratiques, pour défendre leurs intérêts ou contester une décision, les gens se regroupent en associations. Pour exprimer leurs mécontentements, ils s'expriment à travers des notes de presse ou des manifestations de rues, revendiquent leurs droits face à toute dérive ou violation des droits humains d'un régime quelconque. Certaines de ces organisations, surtout en Haïti, souvent manipulées par des hommes forts, ne durent que le temps d'une seule ou de quelques manifestations, tandis que d'autres sont restées permanentes. Peu importe leur durée d'existence : à leur façon, elles participent toutes, non seulement à la vie politique nationale, mais font également pression sur les gouvernements ; elles contribuent ainsi au processus démocratique. Ces organisations sont connues sous le nom de groupes de pression.

« L'expression groupe de pression vient de l'anglais pressure group. *Elle évoque un principe dynamique qui s'actualise dans un jeu d'interactions ou un acteur met de la pression sur un autre acteur pour obtenir ce qu'il veut »*. Les partis politiques et les groupes de pression peuvent s'allier dans certaines circonstances pour provoquer la chute d'un gouvernement. Toutefois, les finalités de ces deux organisations peuvent différer l'une de l'autre. *« Les groupes de pression diffèrent toutefois des partis politiques, car ils n'aspirent pas à gouverner, mais uniquement à faire en sorte que les décisions gouvernementales protègent les intérêts de leurs membres. Tandis que le parti politique, en tant qu'institution, est utile à la fois comme outil de combat, comme outil de gouvernement et comme outil d'opposition*

154

au gouvernement » (Marcel Painchaud, *Introduction a la vie politique*, p 110). En résumé, les partis politiques offrent leur structure et leur organisation pour :
- rassembler les gens ;
- élaborer et formuler des politiques pour gouverner la nation ;
- identifier et recruter des candidats pour participer aux élections ;
- gagner les élections ;
- donner du pouvoir à la population à travers les élus qui les représente effectivement.

Les partis politiques

« *La propagation de la démocratie dans le monde compte parmi les grandes réalisations de notre époque, et ce, grâce aux élections qui rendent possible l'acte d'autodétermination envisagé dans la Charte des Nations-Unies* ». De ce fait, comment peut donc parler de la démocratie et des élections sans évoquer les partis politiques ? Si les journalistes sont considérés comme les garde-fous de la démocratie, nés au 19ème siècle au même temps que la démocratie représentative, les partis politiques sont l'ossature même de ce grand et noble idéal. Un éloquent professeur de sciences politiques, dans une prestigieuse université Nord Américaine, déclara, au cours d'un séminaire de formation sur les partis politiques des pays du Tiers-Monde : « *Comment parler de démocratie sans des partis politiques structurés* » ? Et, à la fin de son exposé, long de quelques heures, il conclut qu'il est de l'obligation de l'État, tout en travaillant au renforcement des institutions, d'aider au développement des partis politiques.

Étant une organisation politico-administrative animée par la volonté de prendre le pouvoir, les partis politiques, fondés soit par une personne influente, soit par un groupe d'individus de même tendances et programmes communs, « *naissent, et avec le temps, se développent, meurent ou se transforment au fil des luttes politiques* ». Pour que cela puisse se réaliser au sein d'un parti politique, la nécessité de l'alternance des dirigeants doit se faire d'une façon périodique.

L'alternance des dirigeants politiques

L'idée de l'alternance veut que « *ce ne soit toujours pas les mêmes personnes qui commandent et les mêmes qui obéissent. Les capacités d'obéissance et de commandement doivent être en chaque citoyen* ». Cependant, depuis l'émergence des partis politiques au départ de Jean-Claude Duvalier le 7 février 1986, on retrouve presque toujours les mêmes dirigeants à leur tête. Sur une petite enquête menée auprès de 100 étudiants des universités privées et publiques de la capitale, plus de 68% refusent de rejoindre les partis politiques où il n'y a pas de place pour la promotion des jeunes cadres. Sur les 58 étudiantes dans ce groupe de 100 universitaires, 46 affirment qu'elles n'ont pas envie d'intégrer les partis politiques haïtiens. Selon elles, ç'aurait été une bonne chose de faire l'expérience des partis politiques, surtout si on veut vraiment faire carrière dans cette discipline. Mais il n'est pas toujours facile et presque impossible d'être promoté dans les partis politiques en Haïti, affirment-elles. Quoi qu'on en dise, j'encourage la jeunesse, espoir de cette nation, à intégrer les institutions politiques parce que c'est uniquement à travers les partis politiques qu'on pourra construire et rendre prospère la nouvelle Haïti dont rêve tout Haïtien. Si, jusqu'à présent, le peuple haïtien n'a pas compris les partis politiques ou estime ne pas en avoir besoin, les partis politiques, au contraire, ont grandement besoin de tous les Haïtiens pour se développer et se transformer durant leurs luttes politiques.

Dans l'optique d'entendre l'autre son de cloche, l'étude n'avait pas été seulement orientée au près des universitaires, elle avait été également faite au près des dirigeants des partis. Selon ces responsables, diriger un parti demande beaucoup de sacrifices personnels et familiaux. Comment voulez-vous qu'on fasse une passation de quelque chose qu'on a investi plusieurs années pour construire, á des gens qui, certaines fois, ne montrent aucun intérêt, et dans d'autres, n'ont pas la culture de s'associer pour construire et développer. Certains chefs de partis affirment que ce qui leur a permis de rester pendant plusieurs années á la tête de leurs mouvements est un manque d'implication de la societé civile et de l'élite intellectuelle dans les affaires des partis politiques du pays. Vous les verrez seulement lorsque vous êtes au pouvoir ou lorsque le parti est sur le point de gagner des élections, a déclare d'un ton furieux un chef de parti.

Quelles que soient les raisons évoquées, l'histoire politique haïtienne des vingt-cinq dernières années révèle que certains chefs de partis sont restés leaders plus longtemps que d'autres. Même lorsque la carrière de ces chefs a connu toutes les différentes étapes, telles que l'ascension, la lune de miel, le plafonnement et la descente aux enfers, ils aiment rester accrochés à la tête de leur parti. Cela peut se comprendre qu'un chef de parti refuse de se retirer de la vie politique en pleine gloire. Mais y rester accroché après plusieurs années, surtout quand elles sont coiffées de plusieurs échecs électoraux, n'est pas une bonne chose pour la survie des partis politiques.

Du même coup, rendre les partis politiques et leurs dirigeants tous responsables de tout ce qui va mal dans le pays n'est pas de bonne guerre. Comment peut-on les incriminer tous, lorsqu'on sait qu'à l'exception du professeur Lesly Manigat (7février 1988-19 juin1988) et de Jean-Bertrand Aristide lors de son second mandat (7 février 2001-

29 février 2004), il n'y avait pas d'autres chefs ou membres de partis à pouvoir jusqu'à présent briguer la présidence ? Après quelque mois à la Primature et deux mandats en tant que chef de l'État, le Président sortant, René Garcia Préval, déclara : « *Je ne suis membre d'aucun parti* ». Ce qui prouve que pendant les vingt dernières années, le pays avait été dirigé par des improvisateurs.

L'improvisation des candidats

Depuis les élections de janvier 1988 jusqu'à celles de novembre 2010 et mars 2011, tous ceux-là qui se sont succédés à la magistrature suprême de l'État sont des « *gren senk politk* ». Quand ils ne sont pas arrivés sur le plateforme politique du FNCD (Front National pour le Changement et la Démocratie), ils l'ont fait avec ''*Repons payizan*'', etc. En Haïti, le politicien traditionnel comme certains membres de la diaspora et de la societé civile, joue toujours la carte de la communauté internationale pour gagner les élections. Pour bluffer, s'il ne vous dit pas qu'il est envoyé par Dieu, dans leurs conversations publiques, volontairement, il laissera glisser des phrases pour vous faire comprendre qu'il a été à Washington ou qu'il est l'homme de la communauté internationale.

Haïti n'a pas non plus l'expérience de grands partis politiques. Fautes de grands moyens économiques et de ressources humaines disponibles, il est toujours difficile pour un parti de s'implanter et d'imposer une idéologie et un programme national au pays. Ce qui explique que l'histoire des élections en Haïti est toujours canalisée autour d'un leader charismatique capable de mobiliser toute une population analphabète à l'aide de discours creux et de programmes marginaux. À ce moment, au lieu d'investir dans le long terme d'un parti politique avec une vision et un programme de développement pour le pays, le politicien traditionnel haïtien attend toujours le dernier moment pour se rallier à un courant ou à une plateforme capable de gagner les élections. Au lieu d'apporter leur contribution économique mensuellement á un mouvement politique sur le terrain, pour se faire inscrire comme candidat á un processus électoral, le mercenaire politique attend toujours le dernier moment pour acheter le chapeau d'une quelconque organisation ayant les documents du Ministère de la Justice.

« Qui veut juin prépare octobre », aiment à répéter, comme une sorte d'avertissement, les enseignants aux élèves. Les politiciens haïtiens n'ont pas fait grand cas de ces conseils salutaires des instituteurs, qui ne s'appliquent pas seulement en classe, mais aussi dans la vie pratique de tous les jours. Comme des écoliers qui attendent toujours le dernier moment pour préparer un examen, les *« grenn senk »* de la politique haïtienne, avec l'aide des plateformes bidon créées pour la circonstance, se manifestent dans une campagne mal planifiée, pendant les quelques semaines du processus électoral, pour finalement se retirer après les élections et aller faire du bruit dans des stations de radios. Ils s'expriment alors soit pour demander à la communauté internationale d'annuler les élections, soit pour dénoncer les irrégularités d'une journée électorales. Quoiqu'il n'est pas sans savoir que presque toutes les élections post 1986 sont tujours antachées d'irrégularités. Mais ce serait aussi dedouaner les politiciens haïtiens, si on ne fait pas mention á savoir qu'ils passent plus de temps á faire du bruit dans les stations de radios que de faire campagnes sur le terrain.

Face à cette dérive politique en Haïti des dernières années, n'est-il pas bon de s'interroger sur les problèmes de la démocratie que certains voient comme une idée du despotisme de la masse ? Selon les auteurs Therien, Pruvost et Constant dans *l'Ethique et politique, liberté et pouvoir* : « *Ayant écarté le despotisme d'un seul, ne tombe-t-on pas dans le despotisme de la masse ? Être écrasé par un tyran ou par le peuple : le résultat est le même. Et Dieu sait combien la multitude est aveugle, obtuse, d'humeur variable, en proie aux passions et aux intérêts immédiats. Aussi, devons-nous comprendre que, lorsque Rousseau parle du peuple, il ne s'agit en aucune façon de la multitude ni même de l'addition des individus vivant sur le territoire de l'État. Le peuple dont parle Rousseau est un peuple de citoyens. Or, qu'est-ce que le citoyen ? L'individu concret, avec son égoïsme mesquin, ses appétits grossiers, ses intérêts sordides, ses projets à courte vue »* ?

En fin de compte, le succès continu, durant les vingt dernières années, de ces candidats improvisés qui viennent de nulle part, fait penser à plus d'un que nul n'est besoin d'intégrer les partis politiques pour accéder à des postes électifs ou nominatifs. Aussi longtemps que l'éducation civique et politique de ce peuple n'aura pas été faite, on pourra donc, à travers des plateformes politiques, manipuler l'électorat à volonté pour arriver au pouvoir. Pourtant, il reste un fait indéniable que seuls les partis politiques structurés, avec des cadres formés ayant l'expérience du terrain, peuvent conduire le pays vers la démocratie et le développement durable. Mais pour y parvenir, dans le cadre de la mise sur pied de ses structures administratives, les partis politiques doivent recevoir le soutien financier de leurs membres engagés ainsi que du financement public de l'État haïtien.

Le calvaire des partis politiques

Mis à part ces problèmes d'alternance et d'improvisation des candidats, les partis politiques ont aussi de grandes difficultés à trouver des locaux pour leurs sièges sociaux. Selon bon nombre de secrétaires généraux des partis politiques rencontrés dans le cadre de cet article – et qui refusent, bien entendu, que leurs noms soient cités –, il n'est pas du tout facile pour trouver un local dans les régions métropolitaines pour implanter le quartier général d'un parti. Compte tenu des actions de banditisme et de vagabondage de ces dernières années contre les locaux de certains partis politiques dans l'opposition, bien des propriétaires ont catégoriquement refusé de louer leurs maisons. Comme on ne veut pas mentir et qu'on n'a pas d'argent pour constuire ou acheter son propre local, donc on reste là, à fonctionner presque dans l'anomymat. Et pourtant, on a mis sur pied des programmes très intéressants visant à la formation des cadres, membres adhérénts du parti, particulièrement la jeunesse, déclarait le porte-parole d'une formation politique.

Ce même porte-parole constate que, par faute de locaux, à l'exception d'un petit groupe très restreint, les partis politiques organisent toujours les conférences de presses et les activités de formation dans des hôtels et des restaurants dans les régions métropolitaines de Port-au-Prince. Il ajoute : *« Si, dans le passé, des partis avaient des locaux dans l'aire métropolitaine de la capitale, aujourd'hui, du fait de leur impossibilité de payer les loyer, ils sont* « homeless » *(sans locaux).* Et si quelques-uns possèdent encore des locaux, c'est grâce á la générosité de leurs membres qui sont, dans certains cas, des propriétaires et leur ont assuré, provisoirement ou sous forme de contrats, un espace pour fonctionner. Ce qui explique qu'eux aussi (les partis), á n'importe quel moment, puissent être, comme les autres, délogés.

« Si les femmes ont besoin de la démocratie, les partis ont autant besoin de la participation des femmes dans les affaires politiques du pays », a conclu le secrétaire adjoint d'un jeune mouvement qui veut, à travers ses activités sur le terrain, mettre en place des structures pour faire accroitre le

nombre des femmes élues à tous les niveaux, local et national. Mais malheureusement, comme bon nombre de partis politiques du pays, depuis après le tremblement de terre du 12 janvier 2010, son parti n'a pas de local pour fonctionner.

Les principaux éléments constitutifs d'un parti sont un chef, une idéologie et un programme communs, une structure administrative, des membres engagés et des revenus autonomes. En somme, les partis ont besoin d'argent pour s'administrer, se faire connaître nationalement et finalement gagner les élections, déclarait un candidat malheureux à la députation des dernières élections législatives et présidentielles de 2010. Il ajoute qu'à côté de sa formation universitaire, toutes ses connaissances et expériences politiques sont dues aux efforts consentis des cadres du parti dont il est adhérent depuis presque 20 ans. Mais ce n'est qu'avec les maigres moyens des membres du comité de direction qu'on arrive à faire tout cela. Au lieu de s'intégrer au parti et de lui apporter leur contribution, les aspirants candidats attendent toujours le dernier moment pour trouver un courant qui puisse les conduire en fonction. Et quand ils ne trouvent pas de plateformes politiques comme le 'FNCD, *Espwa*, *Inite* et Repons peyizan' pour s'inscrire, ils négocient en vous disant qu'ils sont assez forts dans leurs localités pour pouvoir gagner les élections avant dix heures du matin, comme l'avait déclaré, d'une voix sèche, le candidat malheureux précité.

En peu de mots, Frantz Douyon a resumé les dilemmes financiers des partis politiques haïtiens. Selon lui : « *Le talon d'Achille des Partis politiques, en Haïti, comme dans beaucoup de pays sous-développés, c'est le manque de financement qui peut devenir un handicap chronique à leur fonctionnement. L'argent est le nerf de la guerre, dit le vernaculaire, c'est aussi vrai pour les combats politiques, même démocratiques. En*

162

Haïti, il n'y a pas de tradition de dons à une organisation, surtout à un Parti politique, une campagne de financement n'a pas grand avenir. Il s'en trouvera des donateurs, certes, mais en retour ceux-ci vont s'attendre à une ristourne, sous forme de privilèges ou d'un job ».

Pourquoi refuse-t-on ou hésite-t-on encore à publier des lois sur les partis politiques ? À qui ou á quel secteur cela peut-il bien en profiter ? Autant de questions qui, dans un contexte de crise politique, méritent d'avoir des réponses. Quoi qu'il en soit, quelque chose devrait être fait et ceci d'une facon rapide, pour venir en aide aux partis politiques, si toutefois on veut parler de renforcement des institutions et de la démocratie dans le pays. Toujours dans le cadre de son travail sur les partis politiques, Frantz Douyon renchérit : *« Ce n'est pas sans raison que Transparency International, en 2004, signalait que les Partis politiques constituent l'institution la plus corrompue du monde, avant le Parlement, la Police et le système judiciaire. Une gestion transparente des ressources des Partis doit être exigée pour éviter, entre autres, des financements occultes par des puissances financières qui pourraient manipuler le Parti selon leurs intérêts particuliers, au détriment de ceux de la population. Idéalement, il serait souhaitable que les Partis puissent bénéficier d'un financement public, notamment pour un fonctionnement minimum, comme payer la location de locaux, les permanents du Parti, et faire face à certains besoins élémentaires de propagande ».*

Prof. ESAU Jean-Baptiste

Texte 22

Amendement constitutionnel

L'entrée en fonction des parlementaires haïtiens de la 49ème législature en mai 2010 avait suscité bien des remous au sein des différentes strates sociales. Parmi ces questions, plus d'une restait sans réponse quant aux défis qui attendaient ces élus du peuple. Des questions se posaient : celles qui avaient obtenu des réponses et d'autres sur lesquelles il faudrait bien s'attarder. À dessein, certains se demandaient à tort ou à raison quel serait le rôle de cette legislature et son influence sur le pouvoir exécutif. D'autre part, la proclamation du résultat, définitif pour quelques élus et provisoire pour d'autres, ainsi que la crédibilité de cette législature étaient déjà soumis à rude épreuve. Mais le plus important de tous ces questionnements, c'était l'amendement de la constitution de 1987 qui préoccupait bien des esprits, ceux des haïtiens de l'intérieur comme ceux de l'extérieur.

En dépit des preoccupations de la societé civile et de la classe politique, beaucoup plus de voix s'élèvaient pour une révision de la constitution de 1987. Dans cette constitution, dans un premier temps, une barrière était bien dressée en face des Duvalieristes -- depuis toujours pierre d'achoppement pour la diaspora -- mesure de sureté pour ceux de l'intérieur. Les interpretations ou mésinterpretations ne manquaient pas quand on se référait au contenu de la loi-mère. Si certains articles étaient méconnus du grand public faute de moyens de divulgation ou n'étaient d'aucune référence, d'autres, par contre, revenaient à tout bout de champ sur le tapis. C'était le cas de la double ou multiple nationalité et de l'exclusion d'une catégorie d'individus manifestant leur désir ardent de jouir de leurs droits civiques et politiques.

165

L'article 291 résumait en grande partie l'exclusion de ceux qui, pendant la dictature des Duvalier père et fils, avaient fait montre d'excès de zèle, ou avaient été des artisans du régime. L'article en question stipule : « *Ne pourra briguer aucune fonction publique durant les dix (10) années qui suivront la publication de la Présente Constitution et cela sans préjudice des actions pénales ou en réparation civile :*

A. *Toute personne notoirement connue pour avoir été par ses excès de zèle un des artisans de la dictature et de son maintien durant les vingt-neuf (29) dernières années* ;
B. *Tout comptable des deniers publics durant les années de la dictature sur qui plane une présomption d'enrichissement illicite* ;
C. *Toute personne dénoncée par la clameur publique pour avoir pratiqué la torture sur les prisonniers politiques, à l'occasion des arrestations et des enquêtes ou d'avoir commis des assassinats politiques (Article 291).*

Les autres catégories d'exclus de cette constitution 1987 étaient les Haïtiens vivant en diaspora. Il s'agissait particulièrement de ceux qui ont obtenu une autre nationalité. Ils étaient bannis de la gestion de la chose publique. Aucun membre issu de la diaspora ayant une autre natinalité ne pouvait participer librement aux affaires politiques de son pays d'origine. Les dispositifs des articles 91, 96, 135 de la Constitution de 1987 traitaient de la jouissance des droits politiques de tout citoyen.

Pour être membre de la Chambre des députés, il faut « *être Haïtien d'origine et n'avoir jamais renoncé à sa nationalité* » (Art 91)

166

L'article 96 poursuit : « *Pour être élu sénateur, il faut être haïtien d'origine et n'avoir jamais renoncé à sa nationalité* ».

Pour couronner le tout, l'article 135 définit les conditions requises pour briguer la magistrature suprême. N'avoir jamais renoncé à sa nationalité en fait egalement partie.

Si la mise l'écart des macoutes était seulement de dix ans, l'exclusion de la communauté haïtienne en diaspora continuait encore ; vingt-quatre ans après, elle animait les grands débats, que ce soit dans les stations de radios, les chaînes de télévisions, les salons, les salles de classes, les réunions politiques, les ambassades et finalement le Parlement. C'était une question très épineuse. À cette date, nombre d'institutions ont été créées par l'état haïtien, conscient de l'apport de ces millions de compatriotes en terres étrangères.

Le Ministère des Haïtiens Vivant à l'Étranger (MHAVE) et la diaspora

Du commissariat aux Haïtiens d'outre-mer au Sécrétariat du Dixième Département au Ministère des Haïtiens Vivant à l'Étranger (MHAVE), différentes appellations confinées dans ces institutions n'ont pas su embrasser toute l'étendue de la problématique. Les préocupations des principaux concernés restaient entières. Depuis la ratification de la constitution de 1987, on sentait des efforts, quoique insuffisants et désesperés, pour intégrer ladite communauté haïtienne en terre étrangère. Un constat imposé par lui-même, vu « *le poids économique et social de la diaspora* ».

Si, à travers de multiples tentatives, les autorités de Port-au-Prince essaient de panser la plaie, elle était pourtant restée grandement ouverte et fait encore souffrir. Jusqu'au moment où on parla de l'amendement de cette constitution (mai 2010), la dernière-née du systeme, le Ministère des Haïtiens Vivants à L'Étranger (MHAVE) n'avait pas pu, depuis sa création en 1994, apporter la solution au mal fait à ces Haïtiens de l'extérieur, considérés, selon les toutes dernières estimations, à plus de quatre (4) millions. À leur manière, chaque titulaire à la tête de ce Ministère, et ceci pendant les quinze dernières années (1994-2011), a initié certaines activités pour les Haïtiens du dehors. En été 1997, pendant son passage à la tête de ce ministère, le Ministre Paul Dejean a organisé le programme de « Vacances de l'avenir » pour les Haïtiens de l'extérieur. L'idée était de faire rentrer au pays les jeunes professionels et étudiants haïtiens qui étaient nés en dehors d'Haïti ou qui avaient quitté le pays dès leur plus jeune âge. Pendant deux semaines, ils ont bénéficié de séminaires de formation et de visites touristiques dans les grandes villes et lieux historiques du pays, à seule fin de leur permettre d'en apprécier la beauté physique, mais aussi d'avoir une idée de la problématique haïtienne.

Le ministre Jean Genéus, quant à lui, a introduit la semaine de la diaspora. Puis, le titulaire Edwin Paraison a mené une lutte archarnée pour que les Haïtiens de l'extérieur puissent, par le truchement des consulats de leurs pays de résidence, remplir leurs devoirs civiques, à savoir voter aux élections de novembre 2010. Si, dans ce combat, il n'a pas eu gain de cause, d'un autre côté, l'aboutissement de plusieurs démarches de Mr. Paraison avec les autres membres de l'autorité étatique, de concert avec les communautés haïtiennes en diaspora, a laissé une journée pour ces Haïtiens écartés, rejetés par la constitution de 1987. Le 20 avril a été décrété, par arrêté présidentiel en date du 16 mars 2011, « journée nationale de la diaspora ».

La communauté internationale
et la diaspora haïtienne

« *Construire la paix en Haïti : inclure les Haïtiens de l'étranger* », titrait un texte de la communauté internationale sur le rapport Amérique Latine/Caraïbes en date du 14 décembre 2007. Ce même rapport de « synthèse et recommandations » planchait sur « *l'inclusion dans la destinée du pays des quelque millions de Haïtiens qui vivent à l'étranger, à condition qu'elle se fasse dans le cadre d'une initiative d'envergure s'inscrivant dans la durée, pourrait permettre de dépasser l'historique sentiment de méfiance que les Haïtiens nourrissent à l'égard de l'extérieur, d'avoir accès à une classe moyenne qui fait défaut en Haïti et d'aider ce pays à échapper a son statut d'État fragile* ».

Dans cette situation instable que réprésentait Haïti avec les défits conjoncturels et structurels, des mesures d'urgences devaient être appliquées. Pour ce faire, la communauté haïtienne de l'extérieur avait et a encore les ressources humaines suffisantes, mais l'État haïtien a besoin de jouer le rôle de régulateur. « *La diaspora est prête à aider Haïti mais elle a besoin pour cela de l'assistance du gouvernement pour éliminer les barrières formelles et informelles qui limitent encore son plein engagement. L'inversion de la fuite des cerveaux ramènerait au pays plusieurs centaines de professionnels qualifiés et élargirait grandement les capacités de gestion de la nation. Mais pour tirer le meilleur parti de ces opportunités, le gouvernement doit expliquer clairement aux secteurs clés de la société et au public en général le bien-fondé d'une politique d'encouragement au retour* ».

En dépit de l'élaboration de dizaine de projets, de l'organisation de plusieurs colloques, d'une remise en

169

question intempestive, de mars 1987 (ratification de la constitution) à mai 2010, cette exclusion continue. *« Les Haïtiens de la diaspora doivent cesser d'être considérés comme des "Haïtiens du dehors". On ne peut pas continuer à considérer les Haïtiens vivant à l'étranger comme des observateurs par rapport aux affaires de leur propre pays »*, ajoutait un migrant haïtien de Suisse. Pour Yasmina Tippenhauer, responsable de projets pour Haïti au Centre culturel latino-américain Tierra Incognita de Genève : *« La reconstruction de notre pays ne peut être pensée sans les Haïtiens, sans la diaspora »* (*Nouvelliste* 27 avril 2011).

La 49ème Législature et l'amendement de cette constitution

À l'heure où le débat d'amendement de la constitution battait son plein en Haïti, certaines organisations socio-politiques de la diaspora ne chômaient pas. La diaspora doit jouer un rôle-clé dans la reconstruction d'Haïti. Pour que cela puisse se faire, *« on ne doit pas continuer à considerer les Haïtiens qui vivent à l'étranger comme des étrangers »*, réclamaient certains activistes de la diaspora qui avaient fait le déplacement de leurs pays de résidence jusqu'en Haïti. Dans leur lutte pour l'amendement de la loi sur la double nationalité, ils ont intervenu dans des stations de radios et des chaînes de televisions pour mobiliser des élus de la 49ème législature en leur faveur.

Prof. ESAU Jean-Baptiste

Texte 23

Les élections sont-elles encore possible en cette fin d'année ?

De par son inexpérience des affaires politiques et son passé de « *Sweet Micky* », l'entrée en fonction du Président 'Tet Kale' le 14 mai 2011 avait suscité bien des remous au sein de la classe politique du pays. Parmi ces questions, plus d'une restait sans réponse quant aux défis qui attendaient l'élu des élections du 20 mars 2011. Des questions se posaient... Celles qui avaient obtenu des réponses et d'autres sur lesquelles il faudrait bien s'attarder encore. À dessein, certains se demandaient à tort ou à raison, quelle serait la position du nouveau chef d'État face à l'amendement constitutionnel. D'autre part, il était question aussi du choix de son Premier Ministre et de la composition de son équipe gouvernementale. Mais le plus important de tous ces questionnements était la planification des prochaines élections à la fin de l'année 2011, pouvant conduire au renouvellement du tiers du Sénat.

En dépit des préoccupations de la société civile et de la classe politique, beaucoup plus de voix s'élevaient pour une stabilité politique. Car les problèmes de reconstruction, de l'insécurité, du chômage, de modernisation et de consolidation des institutions publiques, du système politique, de décentralisation étaient autant de défis auxquels le nouveau Président devrait faire face. Ce qui explique que la nouvelle administration était dans l'obligation de réussir, particulièrement là ou les autres dirigeants qui l'ont précédée n'avaient pas pu le faire. Mais, de par son origine et des limitations de toutes sortes, le dirigeant 'Tet Kale' était-il en mesure de se hisser à la hauteur de la tâche qui lui était confiée ?

Haïti, un pays fragile

Pays instable politiquement, Haïti, pour certains, particulièrement la communauté internationale, est considérée comme un État fragile. Quoique cette fragilité soit, dans bien des cas, conditionnée dans les grands laboratoires des amis de l'international. Néanmoins, c'est cette fragilité politique qui, depuis le départ forcé du Président Jean-Bertrand Aristide le 29 février 2004, a conduit à cette force multinationale dans le pays. Et depuis, en dépit des efforts apparents des gouvernements antérieurs et de la force Onusienne (Mission des Nations-Unies pour la Stabilisation en Haïti/MINUSTAH) forte de 10,000 soldats et de la Police Nationale (PNH) sur le terrain, l'instabilité continue. Quand ce n'est pas un problème d'insécurité ou de scrutin frauduleux, c'est celui des élections en retard.

C'est ainsi que, plus de deux ans après son investiture, l'élu du 20 mars 2011 fait face à de graves crises. Les crises économiques et sociales, aussi bien que la gestion politique désastreuse, remontent, au tout début, à l'arrestation du député Arnel Bélizaire, aux dépenses folles provenant du trésor public pour de longs déplacements du Président à l'étranger, aux rumeurs autour des problèmes de nationalité du chef de l'État et à la corruption au sein de son administration. Autant de choses qui ont considérablement handicapé l'administration 'Tet Kale' ! À tout cela s'ajoute la réalisation des prochaines élections sénatoriales, municipales et locales qui devaient avoir lieu à la fin de l'année de 2013.

L'alternance des dirigeants politiques

Beaucoup sont unanimes à reconnaître que, si l'on veut respecter l'alternance du pouvoir politique dans le cadre d'une stabilité démocratique aussi bien qu'assurer la crédibilité des dirigeants, on doit organiser des élections. Ce qui explique que les élections sont un passage obligé dans le procesuss démocratique. Non seulement il est question de l'organiser honnêtement, mais surtout à temps car ce simple mot d'élection est aujourd'hui devenu une exigence nationale et internationale. « *La propagation de la démocratie dans le monde compte parmi les grandes réalisations de notre époque, et ce, grâce aux élections qui rendent possible l'acte d'autodétermination envisagé dans la Charte des Nations-Unies »*.

L'idée de l'alternance veut que « *ce ne soit toujours pas les mêmes personnes qui commandent et les mêmes qui obéissent. Les capacités d'obéissance et de commandement doivent être en chaque citoyen »*. Par contre, si les élections représentent le mode démocratique de désignation du personnel politique, « *des urnes sortent trop souvent en Haïti des dictateurs, contempteurs de la démocratie »*.

Depuis le départ de Jean-Claude Duvalier en 1986, presque toutes les élections organisées dans le pays, quand elles n'ont pas été manipulées par l'international, ont toujours été orientées dans l'intérêt du parti au pouvoir. Mais cette année (2013), au lieu d'organiser des scrutins *'champwel'* en leur faveur, il semblerait que l'équipe au pouvoir aurait accordé la priorité aux carnavals en lieu et place des structures pouvant permettre le bon déroulement des élections dans le pays.

Carnavals, oui, autant de fois !

Pour ne pas pouvoir organiser des élections à temps, l'éxécutif se cachait derrière l'argument des importantes dépenses d'un processus électoral, aussi coûteuses pour le Trésor Public que pour les candidats, les partis ou regroupements politiques. Mais qu'en est-il des carnavals ? Ils sont au nombre de quatre (cinq pour certains) en deux ans. « *Ceux qui adorent les ambiances*

173

mondaines, ne peuvent pas se plaindre ces temps-ci en Haïti. Le Président Michel Martelly pense bien à eux. Car depuis sa prise de pouvoir, il y a déjà deux ans de ça, l'ancienne vedette de Sweet Micky s'investit avec joie dans une politique de divertissement sans précédent », avait fait remarquer Osman Jérôme. Les festivités carnavalesques sont-elles moins coûteuses et aussi importantes que les élections ?

L'heure est à l'urgence électorale

Ces élections sont d'une importance capitale en matière d'une alternance démocratique dont Haïti et le peuple haïtien devraient profiter. Mais aura-t-on des élections à la fin de cette année lorsqu'on sait que le deuxième lundi (9) de septembre, les députés vont être en vacances ? Il est vrai que l'exécutif peut, à n'importe quel moment, les convoquer à l'extraordinaire, mais ne sera-t-il pas trop tard pour l'organiser des élections ? Selon Osman Jérôme : *« Les prochaines compétitions électorales haïtiennes retiennent les attentions, occupent les débats et suscitent des inquiétudes. En effet, il a fallu tout un processus houleux pour camper la machine électorale qui doit organiser les élections sénatoriales, locales et municipales d'ici la fin de l'année. S'il y en aura bien entendu. Car jusqu'à présent, aucune date officielle n'est encore fixée ».*

Peut-on retourner aux crises institutionnelles comme celles de 1991 et de 2004 et saper les efforts qui ont été consentis dans le cadre du processus démocratique ? Osman Jérôme pense que : *« Aujourd'hui plus que jamais, la réalisation des prochaines élections sénatoriales et municipales à la fin de l'année est comme une épée de Damoclès sur la tête du gouvernement. D'ailleurs, le mot d'ordre est lancé ; élections ou démissions. »*

Prof. ESAU Jean-Baptiste

Texte 24

L'OEA, arbitre des grandes décisions politiques en Haïti

Pour protester contre les visites des émissaires de l'organisation hémisphérique qui, dans le cadre de leurs démarches pour trouver un consensus au retour au pays du Président Aristide, savaient chanter « *OEA, OEA, lem grangou m pa jwe.* » à l'aéroport de Port-au-Prince, les *de facto* de 1991 dont inclu le musicien Sweet Micky (actuel Président de la République). Aujourd'hui, les données ont changé puisque ce sont ceux-là même qui, hier, étaient contre l'OEA et qui, aujourd'hui, font appel à l'organisation comme arbitre dans une crise électorale en perspecive.

Il est de coutume chez certains politiciens haïtiens d'utiliser la carte de l'international comme bon leur semble. C'est-à-dire, selon les circonstances, ils l'utilisent toujours pour bluffer. S'ils ne vous disent pas qu'ils sont des envoyés de Dieu, dans leurs conversations publiques, intentionnellement, ils laissent toujours glisser des phrases, histoire de vous dire qu'ils ont été à Washington ou qu'ils sont les alliés de la communauté internationale. Si, lors d'un 4 juillet, ils vous croisent dans une réception en train de déguster un hamburger chez l'ambassadeur américain, automatiquement, sans tenir compte de votre popularité sur le terrain, ils vous considèrent comme un politicien senior. Et si d'autres continuent de critiquer votre présence chez l'ambassadeur, c'est tout simplement parce qu'ils ne sont pas encore invités.

Devant cet état de fait, à l'approche des élections sénatoriales, municipales et locales en Haïti, l'OEA est invitée pour évaluer la faisabilité du scrutin par celui qui savait la critiquer lors du coup d'État de 1991 contre Aristide, à savoir, sweet Micky, actuel Président de la République. Oui, l'organisation hémisphérique est invitée à plancher sur un acte de souveraineté qui devrait être résolu par des Haïtiens, particulièrement les membres du CTCEP. Mais, derrière cette invitation, ne se cache-t-il pas un certain marronage du côté de l'exécutif ? N'est-il pas aussi question pour la présidence de gagner du temps ? Ne s'agit-il pas de manœuvres dilatoires du pouvoir ? Peu importe le cas de figure : grâce à cette invitation, déjà, des analystes et experts de la politique haïtienne pensent que d'autre dictats sont en perspective. C'est grave pour la démocratie. Pourtant, l'Organisation des États Américains devrait être un véritable levier pour une démocratie durable en Haïti.

Rôle de l'OEA dans les dernières crises politiques en Haïti

Non seulement la crise politique actuelle en Haïti interpelle la conscience de tout Haïtien, mais encore nous montre-t-elle par son analyse combien est grande l'ingérence internationale dans les affaires internes du pays. C'est cette ingérence érigée en système de gouvernance qui a engendré une classe politique médiocre, arrogante et immorale dont la qualité laisse à désirer.

Plus récemment, à la fin de l'année 2001, lors de la tergiversation entre l'opposition et le leader du parti Fanmi Lavalas, les proches du parti au pouvoir dénonçaient une tentative de coup d'État à l'encontre de Jean-Bertrand Aristide. Les rumeurs mettaient en relief un plan machiavélique visant à attenter à la vie du Président, tandis que l'opposition était indexée. Elle criait au scandale et dénonçait les manœuvres politiques du parti au pouvoir. L'Organisation des États Américains, en tant qu'arbitre, diligenta une enquête sur ce dossier. Les résultats révélèrent

176

tout le contraire : il s'agissait plutôt d'une mise en scène planifiée dans le seul but d'affaiblir l'opposition et de la faire taire, disait un chef de parti politique dans l'opposition au régime lavalas. L'OEA fut appelée à trancher. Pour apaiser les tensions, a travers des résolutions, il était clairement recommandé au gouvernement d'Haïti d'indemniser les victimes des partis politiques dont les locaux avaient été saccagés le 17 décembre 2001. L'ordre fut aussi transmis au gouvernement Lavalas d'arrêter et de juger les coupables de violences et de désarmer les quelques partisans proches du régime Lavalas.

De même, lors des irrégularités électorales du 28 novembre 2010, l'actualité politique haïtienne avait très largement préoccupé les ambassades des pays amis. Déjà, à l'horizon, se dessinait le spectre effrayant des répercussions incertaines. Compte tenu de l'importance capitale de ce scrutin, nombreuses manifestations populaires eurent lieu et beaucoup d'autres étaient prévues à travers tout le pays, si toutefois, il n'y avait pas de proclamation officielle des résultats définitifs du premier tour des élections législatives et présidentielles, puis un second tour programmé. Encore une fois, l'OEA fut invitée comme arbitre. Elle a tranché.

Encore et encore l'OEA

Dans les colonnes du *Nouvelliste* en date du 12 septembre 2013, Roberson Alphonse retrace l'histoire des crises politiques et électorales haïtiennes des vingt-cinq dernières années. À travers ses lignes de pensée, il fait ressortir quelques faits marquants des deux dernières décennies, à savoir : l'influence de la communauté internationale.

Dans un rappel du contexte historique post duvalier, M. Alphonse montre comment l'OEA, conformément à leurs traditions, a joué un rôle important dans l'instabilité chronique du pouvoir politique des dernières années en Haïti. *« OEA again ! s'exclament certains, pas trop fans de l'organisation hémisphérique, actrice à des niveaux divers et avec des fortunes diverses de notre transition démocratique en dents de scie et mouvementée depuis au moins 25 ans. Si Ocampo, Dante Caputo, Orlando Marville, Luiggi Einaudi, Colin Granderson et Ricardo Seitenfus, des fonctionnaires de l'OEA avaient écrit leurs mémoires, que de choses aurait apprises l'opinion sur les acteurs politiques d'ici, champions du marronnage, champions des coups fourrés et prêts à avaler des couleuvres pour obtenir le pouvoir. On aurait appris aussi des choses sur des ambassadeurs en poste ici et sur les combines de pays amis de Haïti pour imposer leur vision de la démocratie. Ricardo Seitenfus est le seul à avoir craché le morceau sur l'échec de l'aide au développement mais surtout sur les combines de représentants de la communauté internationale pour éjecter René Préval, réputé maître du temps, fin manœuvrier. Le maître du temps n'a pas eu assez de temps. Et son courroux se fit rouge comme le cramoisi quand il a compris qu'il avait été lâché par les Blancs, USA en tête, au profit de Michel Joseph Martelly, fait Président face à Mirlande Manigat. Les bonnes images du documentaire de Raoul Peck Assistance mortelle rappellent crûment cette réalité ».*

Prof. ESAU Jean-Baptiste

Texte 25

Inspirons-nous de l'idéal dessalinien

Après l'indépendence d'Haïti en 1804, tout en voulant faire de la nouvelle nation un pays libre ou règne la prospérité, l'égalité, la souveraineté et l'unité, le premier fondateur de la nation fut victime d'une conspiration montée par les hommes de l'Ouest et du Sud. Mais au-delà de tous les problèmes politiques, de clans et de mesquineries, l'assassinat au Pont Rouge de l'Empereur Jean-Jacques Dessalines le 17 octobre 1806 ne doit pas pour autant enterrer l'idéal dessalinien.

L'exploitation inhumaine dont furent victimes les esclaves de Saint Domingue avait, en quelque sorte, crée un mécontement dans toute la colonie. C'est ce qui éffectivement á travers le temps a forcé les esclaves á se rebeller contre leurs maitres blancs. Du mouvement de marronage, cérémonie du Bois Caïman, 'koupe tet boule kay', au soulèvement général et révolutionnaire qui a culminé a la proclamation de l'Indépendance d'Haïti en 1804, les esclaves de Saint Domingue avaient réalisé un exploit prodigieux au tout début du siècle.

Cependant, s'il était facile pour les esclaves de vaincre les troupes napoléoniennes, dans la foulée, ils auront, après l'épopée de 1804, à faire face à un conflit beaucoup plus grand, à savoir le boycottage des grandes puissances d'alors, qui refusaient de reconnaître leur indépendance. Plusieurs facteurs ont contribué au déclenchement de l'hostilité de ces nations contre Haïti. Mais surtout, ce processus de boycottage prenait place dans le climat général de solidarité et de complicité des pays impériaslistes contre un tout petit pays qui, à travers sa libération nationale, pouvait influencer d'autres révolutions.

Mis à part le problème d'isolement diplomatique, faute de cadres techniques et administratifs, Jean-Jacques Dessalines et son équipe, au lendemain même de l'indépendance haïtienne, faisaient face à des problèmes de la bonne gouvernance. Ainsi, l'Indépendance était fragile et précaire. Dans un effort pour mieux contrôler son administration et consolider les acquis de 1804, l'Empereur, en grand statège, avait, « *malgré les faiblesses et les défaillances de son administration, su poser des actes remarquables et prendre des mesures géniales. Ces vues qui forment l'axe de son action politique se cristalisent dans ce que les historiens appellent couramment l'idéal dessalinien ou le nationalisme de Dessalines* ». Voici en quelques points les grandes lignes de sa vision politique.

Consolidation de l'indépendance

Pour décourager toute idée de reconquête du territoire par la France ou par une quelconque puissance colonisatrice, ainsi que toute mise en cause l'indépendance de la nouvelle nation, toute une série de mesures défensives et offensives avait été étudiée et exécutée par l'empereur. Pour consolider l'indépendance, des forts ont eté construits et l'armée réorganisée. « *Pour éviter un retour éventuel des Français, il organisait une armée de 52500 hommes, soit 19% de la population avec Henri Christophe pour général en chef, faisait construire (par le décret du 9 avril 1804) des forts à travers tout le pays. Il entendait donner au pays la mer pour frontière.* « *Haïti doit avoir la mer pour frontière* », déclarait-il.

Concernant le massacre des Francais, les détracteus de l'Empereur lui repochent et l'accusent de beaucoup. Mais dans l'ensemble, était il inévitable, l'éliminination des Français? L'histoire rapporte que des français, dans leurs correspondances avec des parents et amis qui restaient encore dans l'ile, les faisaient savoir que la France dans ses manoeuvres strategiques, reconquera sous peu la colonie. Ainsi, se sentait de plus en plus menacer d'un quelconque complot interne des français qui étaient encore dans l'ile, particulièrement en Haiti, dans son soucis de sauvegarder l'indépendance, Dessalines ordonnait le massacre. ' '*Peu m'importe le jugement de la postérité, pourvu que je sauve mon pays*'', disait il á toute éventuelle critique concernant le massacre.

Dessalines, le justicier social

Dessalines, dans son programme de changement pour les masses, ne conçevait pas une Haïti indépendante sans une politique publique orientée vers le bien-être collectif. Il prônait que l'épopée de 1804 de l'armée indigène n'avait pas été seulement l'œuvre des officiers et sous-officiers mulâtres, mais aussi l'effort des vaillants soldats issus de la classe majoritaire esclavagiste. L'Empereur se débattait pour que Haiti ne devienne pas, après l'indépendance, une colonie sans les colons, c'est-a-dire, une nation ou les classes minoritaires continuent, comme avant 1804, á exploiter les masses. Il voulait que tous, quelle que soit leur descendance, aient pleinement droit à l'héritage légué par les ancêtres. À ceux-là qui, par leur statut d'anciens hommes libres, se considéraient eux-mêmes comme des privilégiés et qui voulaient accaparer plus de la moitié de terres laissées par les colons, en chef d'État responsable et aussi en bon justicier, l'empereur déclara : « *Et les pauvres Noirs dont leurs pères sont en Afrique, n'auront-ils donc rien* » ?

Par sa gestion, Dessalines entendait « *que les biens de ces anciens colons soient gérés par l'État au profit de la collectivité. Nous avons tous travaillé pour l'indépendance. Tout le monde doit en jouir, reconnaissait Dessalines. C'est pour éviter toute guerre civile entre les fils d'une même*

181

patrie qu'il avait fait des enfants naturels les égaux des enfants légitimes. La constitution leur accorde les mêmes droits ».

Décisions administratives et commerciales

Comment parler de l'idéal dessalinien sans parler des mesures administratives et commerciales entreprises par l'Empereur, puisque la corruption administrative était l'un des reproches adressés á son gouvernement ? Selon Thomas Madiou : *« une foule de fonctionnaires corompus pillaient effrontément le trésor public. La gabegie était totale. L'Empereur possédait lui-même plusieurs guildiveries et entretenait ses nombreuses maîtresses avec l'argent de l'État. Brusquemment, le scandale était tel que Dessalines était déterminé de faire maison neuve dans l'Administration Publique. Dessalines qui, bien avant, fermait les yeux, disant à ses collaborateurs :* « Plumez la poule, mais attention qu'elle ne crie », *finit par prendre des mesures de redressement pour combattre le vol administratif. Citons les décrets du 6 septembre 1805 et du 1er février 1806 contre les fonctionnaires pris flagrant délit de fraude. Dantès Bellegarde est le premier à reconnaître que les privilégiés ont commencé à conspirer contre Dessalines à partir des décrets élaborés par ce dernier en vue de combattre le vol administratif »*, faisait remarquer le Professeur Pierre Josué Agénor.

L'unité nationale

On savait présenter autrement le fondateur de la patrie. N'en déplaise à ses détracteurs, dans l'ensemble, il était un grand rassembleur. Le fondateur de la patrie n'avait pas seulement prêché l'unité entre tous les Haïtiens, mais il avait aussi œuvré pour que cette union soit assurée nationalement. *« Les Haïtiens doivent vivre en symbiose et communier dans un même idéal patriotique.* » *L'article 14 de la constitution de 1805 stipule : « Toute acceptation de couleur parmi les enfants d'une seule et même famille, dont le chef de l'État est le père, devant nécessairement cesser, les Haïtiens ne seront désormais connus que sous la dénomination générique de Noirs ».*

Après l'indépendance, l'idéal dessalinien, selon l'ancien Président Lesly Manigat, se définissait ainsi : *« Le rêve du Fondateur pour sa patrie était la parfaite réconciliation entre deux classes d'hommes nés pour s'aimer, s'entraider, se secourir, mêlées enfin et confondues ensemble. Noirs et jaunes, vous ne faites aujourd'hui qu'un seul tout, qu'une seule famille, leur avait-il dit un jour. Dépassant les clivages, il s'entoura de mulâtres instruits comme secrétaires : Boisrond Tonnerre, Juste Chanlatte, Alexis Dupuis, Balthazar Inginac. Il voulut même marier sa fille, Célimène, à Alexandre Pétion ».*

En guise de conclusion

Les mesures de redressement administratives et commerciales ont effectivement engendré des mécontentements, tant dans le camp des nationaux que dans celui des étrangers, mais la politique agraire est l'épineuse question qui a conduit à l'assassinat de l'empereur. Depuis ce crime au Pont-Rouge, Haïti a connu et connaît encore l'occupation des forces militaires étrangères. Quand les opposants politiques ne sont pas assassinés, les coups d'état manipulés par des puissantes ambassades ont forcé des chefs d'État á s'exiler vers l'étranger. Faits qui enseignent comment les politiciens haïtiens et leurs amis de l'extérieur sont cyniques, égoïstes et destructeurs d'Haïti.

Deux cent sept ans après l'horrible carnage de Pont-Rouge, Haïti se destabilise. Alors que la sécurité des

Haïtiens dépend de la MINUSTAH, des actes de souveraineté nationale comme les élections en dépendent aussi de l'OEA et des amis de l'international. Les terres sont dévastées et les productions agricoles sabotées. En conséquence, la survie alimentaire des Haïtiens dépend du voisin dominicain. Presque chaque semaine, les Haïtiens risquent leurs vies sur de petits voiliers. Nos jeunes se prostituent. *Kote w ye, papa Desalines ?*

Bref, en commémorant ce 17 octobre 2013, les deux cent sept ans de la mort de ce grand homme, il est du devoir de chaque citoyen haïtien de bien se rappeler l'idéal du père de l'indépendance, de sorte qu'il puisse avoir le leitmotiv de sortir leur pays de son instabilité politique et du marasme économique. Quant aux autorités haïtiennes qui ne respectent ni les héros de l'indépendance ni les fêtes nationales, elles doivent, dans leurs pratiques politiques de chaque jour, s'inspirer de l'idéal dessalinien qui était de sauvegarder l'indépendance, la souveraineté nationale, la justice sociale, la restructuration de l'économie et l'unité nationale entre Haïtiens.

Prof. ESAU Jean-Baptiste

Texte 26

Cité Soleil serait-elle un mal incurable ?

Combien de gens ont-ils fait leur capitale économique et politique au nom de cette commune, puis lui ont tourné le dos pour, finalement, en toute tranquillité, aller dans un endroit retiré, vivre de leur fortune ? Pendant ce temps, les jeunes qui représentent l'espoir du pays continuent d'être manipulés, bafoués par des politiciens d'Haïti et les experts internationaux.

Commune située dans le département de l'Ouest, Cité Soleil compte, selon le dernier recensement, environ 250.000 habitants. Fondée dans les années 1960 par le Docteur François Duvalier, à l'origine, elle portait le nom de Cité Simone, en référence à l'épouse du dictateur François Duvalier, Simone Ovide.

Je suis né dans ce bidonville

C'est dans cette commune que je suis né à l'Hôpital *Isaïe Jeanty (Chancerelles).* C'est aussi dans une maisonnette, non loin du petit monument en béton où reposent les restes de l'empereur Jean-Jacques Dessalines qu'habitaient mes parents. Pour des raisons familiales que j'ignore, mes parents, immédiatement après ma naissance, ont été délogés pour aller habiter dans un autre quartier marginal. Ainsi, je n'ai pas eu la chance de grandir dans cette commune.

Mais étant le fils d'un pasteur, notre église centrale avait des stations et des fidèles dans ce vaste bidonville, ainsi, je pouvais, presque tous les deux dimanches, aller à Cité Simone. On n'allait pas là-bas pour faire de la politique ou

185

faire fortune, mais pour racheter les âmes qui étaient perdues, comme disait mon père. Oui, j'étais un gamin, mais en observant la situation de misère où vivaient les paisibles citoyens d'alors, je voyais déjà se révolter ma conscience de jeune citoyen.

À l'époque, Cité Simone n'était pas encore une commune, mais elle n'était pas non plus Cité Soleil. Cependant, cet immense bidonville, non loin de Port-au-Prince, offrait l'image d'un espace sans infrastructures modernes. Déja, Cité Simone était une zone qui, avec des projets insignifiants, faisait l'affaire des experts de la communauté internationale. C'est ce qui en poussait beaucoup, dans le cadre d'études et de recherches sur la pauvreté d'Haïti, à s'interroger sur le financement international et les actes du gouvernement haïtien en termes de progrès réalisé dans les quartiers défavorisés. Où est passé tout le financement, se sont-ils demandé ?

Cité Simone devenue Cité Soleil

Si, après le départ de Jean-Claude Duvalier en 1986 et en signe de reconnaissance envers la Radio Catholique qui avait mené une bataille serrée aux côtés du peuple haïtien, Cité Simone est devenue Cité Soleil (nom de la radio qui émettait à l'époque au Petit Séminaire du Collège Saint Martial), elle n'avait changé de nom que pour rester la poule aux œufs d'or des experts nationaux et internationaux. Plus tout change, plus c'est la même chose !

Changer pour rester la même

En devenant commune, Cité Soleil eut droit à des autorités élues comme : ASEC, CASEC, un magistrat et un député. Et pourtant, si elle est devenue plus pauvre qu'avant, ce changement a tout autant fait l'affaire des politiciens. Si le département de l'Ouest compte presque 45% de l'électorat haïtien, Cité Soleil, avec son fort pourcentage de population, joue un rôle très important dans les élections en Haïti. Cependant, quand dans les basses œuvres des politiciens, les jeunes ne se laissent pas manipuler pour exécuter les sales besognes de leurs chefs, ils sortent dans les rues pour manifester contre les dérives des apprentis-dictateurs. Grâce au pouvoir financier et la facilité de manipulation de certains politiciens sur le terrain, on rencontre souvent certains jeunes de la Cité dans les rues, pour dire selon les vœux du chef : *« A bas ou vive »*.

Cité Soleil, avec des maisons sans normes modernes, laisse l'impression d'une commune abandonnée. Les impacts de nombreux impacts de balles sur les maisonnettes sont les preuves des violent combats opposant régulièrement les troupes des forces onusiennes aux gangs criminels pendant les crises socio-politiques qui suivirent le départ du Président Aristide en exil, le 29 février 2004. Privées des services essentiels, les habitants de ce vaste bidonville sont comme abandonnés à eux-mêmes. De ce fait, la presse internationale aime, dans sa documentation, présenter cette carte postale de la cité avec de gros cochons ou, certaines fois, des enfants qui se baignent dans des mares boueuses. *« L'eau de pluie qui ne s'écoule pas forme des mares boueuses infestées de moustiques dans lesquelles dorment de gros cochons noirs. Face à cette situation, les gens voudraient que Cité-Soleil change. Changer, c'est tout ce qu'ils demandent »*.

Cité Soleil, source de revenus pour les experts

Depuis bien des années, mis à part Port-au-Prince, la capitale, s'il existe une autre commune dont des millions ont été déversés sans contrôles pour des projets insignifiants, c'est bien Cité Soleil, ma commune. C'est cette dernière qui, depuis 1986, a connu de nombreux changements ; seule, la situation de misère des pauvres gens qui y habitent n'a pas changé. S'il y a des écoles et des cliniques à Cité Soleil, ce ne sont que de misérables bâtiments qui ne répondent pas aux normes modernes de construction. Ils ont été construits par des gouvernements tout simplement dépourvus de réalisme et des amis de l'international sans réel désir d'assistance.

Il n'y a personne qui pense à nous, disait un jeune homme. On vit dans la misère, la crasse, sans soins médicaux et sans emplois. C'est aussi dans ce vaste bidonville que, dans un espace très restreint, reposent les restes du fondateur de la patrie. Wow ! Quelle honte ! Le peuple américain ne se sentirait-il pas embarrassé si c'était les restes de Georges Washington qui se trouvaient dans une telle situation ? Mais nous, Haïtiens, nous sommes grands dans la petitesse. Ou plutôt non : grands dans la malpropreté !

La cité avant, pendant et après 2004

Si les impacts de balles dans les murs des soi-disant « maisons » témoignent du degré de violence dans cette commune, aujourd'hui encore, elle fait peur. En dépit de la présence de la Police Nationale d'Haïti (PNH) et des troupes de la MINUSTAH dans la Cité, les gangs armés font et imposent, comme bon le semble, leurs lois aux habitants de ce vaste bidonville. Ils inspirent la peur à tous ceux qui, soit dans leur travail, soit par curiosité voulaient aller dans cette commune. Si, dans les jours qui viennent, rien n'est fait, il ne serait pas facile à des journalistes et des membres d'organisations humanitaires de se rendre là-bas pour faire leur travail.

On cite pour exemple l'époque où les kidnappings se multipliaient dans la cité, peu après février 2004 : « *Il était très risqué de prendre, après une certaine heure, la route nationale n°1, voire de faire un virage pour rentrer à Cité Soleil. Comme s'ils étaient les chefs de service routier du pays, les bandits imposaient leurs lois aux chauffeurs des voitures privées et du transport public. Malheur à vous si, à la nuit tombante, vous passiez non loin de la route neuf (9) qui conduisit à ce bidonville car vous couriez tous les risques d'être enlevés ou tués ».*

Quand ils n'ont pas été enlevés ou tués, par peur pour leurs vies, « *les membres de leurs familles aussi bien que les employés de plusieurs propriétaires de maisons de commerces, si elles n'avaient pas déjà été brûlées ou pillées, ont été obligés de fermer les portes de leurs business. Tandis que ceux-là qui venaient de province pour faire de cette commune ce qu'elle est en termes de population, ils ont dû, par milliers, regagner leurs villages d'origine en attendant que cessent les agressions, meurtres gratuits, guerres de gangs et affrontements avec les soldats de la Mission de stabilisation des Nations-Unies en Haïti. Les autres, à l'exception des proches des chefs de gang qui gardent un minimum d'assurance de vivre sans être vraiment inquiétés, se sont simplement résignés à leur sort. Pauvres parmi les pauvres, ils n'avaient nulle part où aller ».*

Cité Soleil aujourd'hui

Dans *Cruauté impitoyable à Cité Soleil*, publié dans les colonnes du *Nouvelliste* le 14 novembre 2013, Roberson Alphonse rapporte ce qui suit : « *Dans le plus grand bidonville de la capitale, on entend des tirs à n'importe quel moment. Des armes de guerre et des munitions y circulent. La cruauté, entre-temps, monte, monte et monte. Et petit à petit, Cité Soleil redevient zone de non-droit, endroit où l'on peut tuer et brûler les cadavres de ses victimes sans être inquiété ».* Ils étaient nombreux ceux-la qui avaient eu des préoccupation de la situation inhumaine dont vivre les habitants de cette commune, et qui avaient aussi eu le courage d'en parler. *« Cette situation nous interpelle »*, confie Pierre Espérance du RNDDH, *qui décoche une flèche contre l'administration de René Préval, la CNDDR, l'OIM et l'USAID. Des dizaines de millions de dollars ont été dépensés entre 2007 et aujourd'hui dans des programmes bidon de désarmement et de réinsertion de bandits. Ces programmes ont récompensé la violence »*, soutient Pierre Espérance.

Donc, on ne peut pas retourner à ces heures sombres de l'après 2004. Cité Soleil doit cesser d'être un espace dont les politiciens feront leur capitale politique et où les experts internationaux constitueront leurs fortunes économiques. Ce vaste bidonville doit, de préférence, devenir un espace où les discours politiques répondront aux réalités socio-économiques des habitants de la zone. On doit cesser de se contenter, dans cette commune, de simples petits projets d'assainissements, pour entamer, grâce à une main-d'œuvre importante, de grandes constructions d'hôpitaux et d'écoles répondant aux normes modernes de développement. Enfin, le programme de scolarité doit parvenir à la Cité, de sorte que les enfants de tous les quartiers, et ceci sans distinction aucune, puissent prendre le chemin de l'école.

Prof. ESAU Jean-Baptiste

Texte 27

Aristide et Fanmi Lavalas, vingt-trois ans après

L'armée d'Haïti a, dans la nuit du dimanche 29 au lundi 30 septembre 1991, entrepris des actions de force pour destituer l'élu du 16 décembre 1990.

On est en septembre 2014. C'est dans un contexte très difficile que les lavalassiens auront à commémorer le 23ème anniversaire du coup d'État du général Raoul Cedras, qui, à travers un acte de violation de la légitimité constitutionnelle, renversa le Président Aristide le 30 septembre 1991. Dans son éditorial au *Nouvelliste* en date du 30 septembre 2013, intitulé : *Il y a de cela 22 ans,* Robert Duval explique mieux cette journée macabre des militaires putchistes: « *Un 30 septembre. Un lundi. Comme aujourd'hui. La nuit recouvrait Port-au-Prince sans étouffer les détonations, les râles d'agonie, les pleurs, les cris ni le cliquetis joyeux des flûtes de champagne. Ce jour-là, en 1991, sept mois après la prestation de serment du premier Président démocratiquement élu de l'après 7 février 1986, le pouvoir changeait de mains. De façon sanglante et brutale. La démocratie naissante s'était fait manger par ceux qui pensaient n'avoir pas encore fini de jouir des bienfaits du pouvoir. La démocratie naissante mourait au berceau faute de soins attentifs de ceux qui en avaient la charge* ».

Le discours enflammé du Président Aristide le 27 septembre 1991 est considéré comme la cause occasionnelle du départ forcé du chef de l'État. Mais, dans l'ensemble, l'élu du 16 décembre était arrivé au pouvoir dans un contexte où il était non seulement immobilisé par le *statu quo* en Haïti, mais encore internationalement désapprouvé par les puissantes ambassades de Port-au-Prince.

Immédiatement après l'inscription de Jean-Bertrand Aristide au processus électoral, comme le candidat Lavalas gagnait du terrain, des adversaires dans la course électorale, qui s'étaient déjà vus perdants face à ce jeune prêtre, ont planifié des stratégies de réponse post-électorales. Certains pensaient décrier les irrégularités du scrutin. Pour d'autres, il fallait sauver le pays de ce gauchiste, si toutefois il était élu, c'est-à-dire empêcher son investiture. Et déjà, l'idée d'un coup d'État était en gestation.

Avec un discours en faveur des pauvres, Aristide menaçait les classes dominantes du pays qui, depuis l'indépendance d'Haïti en 1804, maintenaient les masses défavorisées dans les bidonvilles, dans la crasse et la misère sempiternelles. Donc, parler d'augmentation du salaire minimum des ouvriers, de programme d'alphabétisation, de la baisse du prix des denrées alimentaires, de la perception de frais d'importation, de la hausse des impôts pour les riches, c'était comme parler de réforme agraire pendant l'administration de l'empereur Jean-Jacques Dessalines. Ainsi, avec toutes ces menaces que représentait le nouveau Président contre le *statu quo* d'Haïti, *« si ces Messieurs ne se soulevaient pas, c'est qu'ils n'étaient pas des hommes »*, comme aurait pu le dire Jean-Jacques Dessalines.

Les analystes des affaires politiques d'Haïti, durant les dernières décennies, peuvent vous dire, d'une note concordante, que l'élu du 16 décembre 1990 n'avait pas d'expérience dans les affaires publiques du pays. On peut lui aussi reprocher d'avoir un discours trop enflammé. Mais, dans la foulée, faut-il bien se rappeler qu'en réalité, ce qui inquiétait la communauté internationale, la bourgeoisie haïtienne, l'église et l'armée d'Haïti, c'était ce qu'Aristide représentait : *« l'ascension des forces populaires de gauche. »*

Le coup d'État du 30 septembre

Bef, pour justifier son coup de force contre l'élu du 16 décembre, le général putchiste Raoul Cédras reprochait au Président Aristide ses violations de la constitution. Plus tard, le général rectifia que l'armée n'avait pas fait de coup d'État : c'était plutôt *« une correction démocratique, face à la dictature naissante du Président Aristide »*. Ainsi, dès les premières heures du coup d'État du 30 septembre, les militaires ont, systématiquement, mené une campagne de répression contre les sympathisants du Président en exil. Il y eut plusieurs morts pendant les semaines qui suivirent le coup d'État. Puis vint le FRAPH.

Création du FRAPH

Créé en 1991, *« le FRAPH (Front Révolutionnaire Armé pour le Progrès de Haïti, puis devenu Front pour l'Avancement et le Progrès Haïtien), fut une organisation para-militaire d'extrême-droite, de type escadron de la mort qui terrorisa, avec les mêmes méthodes violentes des sinistres tontons macoutes, la population haïtienne en commettant de nombreux crimes, exécutions sommaires, enlèvements et viols »*.

Avec la création du FRAPH, la terreur et répression allaient augmenter dans les quartiers marginaux qui étaient le fief d'Aristide, ceci jusqu'au retour à l'ordre démocratique. Et pour se mettre à couvert contre la répression des militaires, des milliers de personnes ont, en haute mer, risqué leurs vies sur de petits voiliers, pendant que d'autres quittaient leurs résidences pour aller vivre dans des zones très reculées dans les provinces. *« 50.000 Haïtiens ou plus ont pris la mer sur des fragiles embarcations pour fuir la répression et la difficile situation économique générée par le 30 septembre. Par centaines, par milliers, des vagues successives de Haïtiens originaires de tous les départements géographiques ont tenté la grande aventure. Terrorisés dans leur zone respective, les premiers contingents étaient des réfugiés politiques, des membres d'organisations populaires et paysannes, des femmes dont les maris avaient été portés disparus dans le 'massacre dissuasif' des premiers moments du coup d'État »* (Malval Robert, *l'Année de toutes les duperies*, p. 82).

Campagnes de répression contre les supporteurs d'Aristide

La campagne systématique de répression dont furent victimes les sympathisants du Président Aristide, durant les trois ans du coup d'État, avait un double aspect politique. À court terme, elle visait d'abord à limiter toutes formes de mobilisation que pouvaient entreprendre les lavalassiens pour le retour du Président en exil. À long terme, elle visait aussi à casser le mouvement grandissant du secteur populaire acquis depuis le départ de Jean-Claude Duvalier le 7 février 1986. Le message des masses populaires, lors des élections générales de décembre 1990, était très clair : chaque fois qu'il y aurait des consultations populaires, leur poids dans la balance politique aurait toujours exercé une grande influence. Ce message avait fait peur aux classes dominantes et réactionnaires d'Haiti aussi bien que les puissances occidentales.

Donc, en renversant l'élu du 16 décembre par ce coup d'État senglant du 29 et 30 septembre, l'idée était de s'assurer que la démobilisation des têtes de ponts des mouvements syndicaux, étudiants et organisations populaires pour que, dans le futur, ils ne puissent avoir un aussi grand rôle à jouer dans l'avenir politique en Haïti. Car leur émergence dans les grandes décisions politiques du pays menaçait, en quelque sorte, les centres traditionnels de pouvoir que représentaient certaines institutions dominantes d'Haïti. Par conséquent, le secteur populaire, les associations d'étudiants, de paysans et les groupements syndicaux étaient les principaux cercles ciblés par les militaires putchistes. Avec la fonction, qui consiste à diffuser des informations, la presse, étant les "chiens de garde" de la démocratie, était elle aussi, victime des actes de banditismes des putchistes.

La presse bâillonnée

Non seulement les hommes de Cédras et de Michel François arrêtaient et tuaient les supporteurs d'Aristide, mais le droit à la parole par le biais d'une presse libre et indépendante, un des acquis majeurs de l'après 1986, fut supprimé à partir des mesures drastiques prises par les putchistes. C'est ce qui explique que la presse, elle aussi, n'a pas été épargnée par les putchistes du 30 septembre 1991. Toutes les stations de radios, les chaînes de télévision et les journalistes qui diffusent des informations contraires au régime militaire subissaient des attaques systématiques. Dans les villes de province, une répression à outrance a été perpétrée contre des reporters dans le cadre leur travail. À Port-au-Prince, des stations comme *Radio Antilles, Haïti Inter* et *Cacique* furent fermées sur ordre des militaires.

Vingt-trois ans plus tard

Alors que les victimes du coup d'État du 30 septembre n'ont toujours pas eu gain de cause, nombreux sont ceux ayant comploté, financé et exécuté le coup de force contre le chef Lavalas qui se retrouvent aujourd'hui au timon des affaires de l'État. Vingt-trois ans après le putsch de 1991, Haïti est plus pauvre qu'auparavant, ou bien elle poursuit dans la voie de la paupérisation. *'Woch ki te nan soley toujou rete nan soley'*. La presse continue à être intimidée par des hommes au pouvoir. Tandis que la MINUSTAH est au pays, Haïti se déstablise chaque jour.

Le 30 septembre 1991, Aristide et les lavalassiens ont été victimes d'un coup d'État, certes, mais vingt-trois ans après, force est de constater que les lavalassiens ne se sont pas agenouillés. Aristide est dans le collimateur de la justice où, selon ses partisans et des analystes politiques, il est persecuté politiquement. Pendant qu'il est placé en « résidence surveillée », son mouvement Lavalas reste un parti très fort sur le terrain. Et il se prépare, bien entendu s'il n'est pas écarté comme il l'avait été en 2005 et 2010, à participer à la prochaine course électorale.

Prof. ESAU Jean-Baptiste

Texte 28

Les jours de Laurent Lamothe sont comptés

Avec la recrudescence de l'insécurité, des élections en retard et des manifestations continuent dans diverses régions du pays, dans certaines ambassades à Port-au-Prince, on parle déjà de la situation qui suivra le mandat du chef de gouvernement.

Effectivement, depuis plusieurs semaines, la population haïtienne, dont les problèmes quotidiens ne font qu'empirer, manifeste pour réclamer le départ du Président Martelly. C'est pourquoi, durant les jours qui ont suivi les dernières manifestations, certains diplomates et pays amis d'Haïti ont été mobilisés dans l'optique de trouver une issue positive pouvant éviter le chaos.

Les dernières manifestations de l'opposition les 18, 25, 28 et 29 novembre 2014 demeurent la grande préoccupation de ces diplomates. Les réprésentants diplomatiques sur le terrain et un ancien expert dans la crise haïtienne qui est actuellement à Washington ne voient pas comment, politiquement et même avec l'appui de la communauté internationale, le régime Martelly-Lamorthe va remonter la pente. C'était avec désenchantement que ces diplomates ont parlé de l'administration *'Tet Kale'*. *« Ils déplorent même avoir supporté l'arrivée de Mr. Martelly au timon des affaires de l'État ».*

Quant au processus des élections pour le renouvellement de la Chambre des Députés et des deux tiers du Sénat, beaucoup de frustrations subsistent. Certains diplomates sont déçus des performances du pouvoir car ils espéraient mieux, surtout en ce qui concerne la sécurité et le renforcement des institutions étatiques. « *On a l'impression que le gouvernement Martelly-Lamothe, depuis plus de trois ans, tourne autour des problèmes prioritaires et ne sait même pas comment s'en sortir* », déclarait un chef de mission.

Face à tous ces dérives antidémocratiques, comme l'administration fait preuve d'incapacité à diriger, déjà, certaines missions diplomatiques ont initié des pourparlers avec certaines forces vives et institutionnelles du pays, dans l'optique de trouver un chef de gouvernement capable d'obtenir rapidement, non seulement des résultats tangibles sur les plans social et sécuritaire, mais encore capable de calmer les esprits pour l'organisation des prochaines élections en 2015.

Pour le moment, il n'est plus question de garder ou non Mr. Lamothe en poste pour organiser les élections, mais il est plutôt de la date de son départ du pouvoir.

La grande question de l'heure est comment convaincre l'aile dure de l'opposition de mettre fin à leur idée de *'rache manyok'*. Mais, d'après une source digne de confiance, même lorsque certains proches du Palais et de la Primature sont encore attachés au chef du gouvernement, l'actuel Premier ministre est censé avoir été lâché par d'anciens amis dans le monde diplomatique.

Puisque l'internatinal n'est pas favorable au départ du chef de l'État, par rapport aux manifestations de l'opposition qui, chaque jour, gagnent en intensité dans diverses régions du pays, l'idée est de sacrifier le chef du gouvernement, de sorte que les cinq ans du Président Martelly puissent arriver à terme.

Un diplomate, alors supporteur de Martelly aux dernières élections de 2010, était, cette fois-ci, très amer au sujet des dérives antidémocratiques du chef de l'État. Ce diplomate qui vit, depuis sa retraite, dans la capitale américaine veut non seulement le départ du Premier ministre pour sauvegarder le mandat du Président, mais il souhaite aussi un nouveau conseil electoral avec des gens crédibles issus de toutes les tendances de la société haïtienne.

De toute façon, les dernières déclarations de la répresentante de la mission onusienne en Haïti et la présence des journalistes étrangers dans les manifestations de l'opposition sont des preuves définitives que l'international veut une solution négociée à la crise haïtienne. Reste à savoir quel est le rôle des États-Unis dans toute cette demarche.

Quelle est donc la position de Washington dans cette histoire ?

Avec leur défaite aux dernières élections de mi-mandat 2014 et les prochaines présidentielles en 2016, les démocrates sont très préoccupés quant à la crise politique qui se développe en Haïti. Ce qui explique que, pour éviter une crise comme celle de 2004, certains démocrates s'accordent sur le départ du chef de la Primature. Décision qui, selon des voix très écoutées du parti, pourrait non seulement apaiser les tensions politiques en Haïi, mais aussi aider à sauvegarder le reste du mandat du chef de l'exécutif.

Quant au futur chef de gouvernement, pour ne pas répéter cette fois-ci les mêmes erreurs de 2004, à savoir importer un Premier ministre de l'extérieur, Washington est pour un « Premier ministre local ». Ce qui fait que, déjà, on commence à citer des noms. Parmi ceux-ci, on trouve un ancien chef de la Primature, un ex-parlementaire, un homme d'affaires très influent de la société civile et un ancien candidat à la présidence.

D'une source de la capitale américaine digne de confiance, la crise haïtienne sera très bientôt sur la table des discussions entre démocrates et républicains. Et, sous peu, non seulement des dirigeants américains de haut rang viendront à Port-au-Prince, mais aussi quelques officiels et anciens dirigeants haïtiens auront à faire le déplacement entre la capitale haïtienne et Washington, afin de leur donner des instructions.

Mais au-delà de toute attente, l'inquiétude de Washington dans cette démarche porte sur un secteur très fort dans l'opposition, qui veut tout simplement le départ du chef de l'exécutif qu'il juge incapable de diriger le pays – alors qu'officieusement, Washington n'est pas encore prêt à laisser parti son poulain !

Prof. ESAU Jean-Baptiste

Texte 29

La Construction en Haïti, cinq ans après le séisme du 12 janvier 2010

Depuis le tremblement de terre du 12 janvier 2010 qui a tué plus de 200000 personnes et détruit beaucoup de villes dans les départements de l'Ouest et du Sud-Est, l'État haïtien dans toutes ses composantes, ainsi que la communauté internationale toutes tendances confondues, parlaient d'une seule nécessité : la reconstruction. Quant à cette dernière, à l'époque, beaucoup se posaient des questions sur le type de reconstruction qu'à travers les relevés de fonds, les partenaires internationaux et les gouvernements d'Haïti puissent vraiment apporter au pays.

Dans les grands débats médiatiques et politiques, déjà, certains se disaient que le moment est venu pour Haïti de restaurer l'autorité de l'État. D'autres parlaient de refaire la mentalité de l'homme haïtien. Il n'y avait pas de doute car, dans le cas d'Haïti, c'était très important. Mais vu les urgences du moment, et compte tenu des approches déjà enterprises par les acteurs locaux et internationaux, parvenir à la réalisation de telles démarches n'était pas pour demain. Ce qui expliquait que, selon toute vraissemblance, l'état haïtien et ses alliés de l'international avaient définitivement opté pour la reconstruction des batiments publics détruits lors du séisme du 12 janvier et des maisons pour la population qui était sous les tentes. Reconstruction, oui. Mais en réalité, quel type de reconstruction voulaient-ils vraiment pour la population en particulier, et le pays en général? Voulaient-ils reconstruire les bidonvilles tels qu'ils étaient avant le 12 janvier ? Ou voulaient-ils reconstruire selon les normes parasysmiques et modernes de l'urbanisation ? A savoir, l'aménagement de cités modernes.

201

Des facteurs historiques, politiques, économiques aussi bien que des attractions socioculturelles dans des villes comme Léogane, Jacmel et Port-au-Prince, la capitale, expliquent la croissance de la population et démontrent pourquoi les autorités locales et nationales devraient réflechir quant à la reconstruction dans ces régions. Généralement, derrière tout déplacement, que ce soit d'une ville à une autre ou d'un pays à un autre, se cachent presque toujours des raisons économiques. Ce qui explique que, dans le cas des pays pauvres où il n'y a pas d'infrastructures, les gens ont tendance à quitter les sections rurales ou les provinces pour aller s'établir dans les grandes villes. Phénomène qui n'est pas différent en Haïti puisque, vu l'état de délabrement des sections rurales et communales où les services de bases n'existent pas, les gens, très fréquemment, abandonnent leurs communautés pour aller vivre dans les villes. Car, « *l'exode rural et le développement d'une société tournée vers l'industrie et les services ont fait des centres urbains la source principale* ».

Mais là encore, indépendamment des moyens et d'autres causes, cette migration peut se faire en plusieurs étapes. Dans un premier temps, elle peut être « *d'une section rurale ou communale aux villes petites ou moyennes le plus proche, puis vers les grands centres urbains. Selon la structure des établissements humains dans le pays... le flot de la migration submerge les capacités d'accueil de la grande ville. Les occupations illégales de terrains publics ou privés se multiplient en périphérie, et l'extension des services publics à des faubourgs proliférants entraîne des coûts exorbitants pour la collectivité* ».

Le regroupement des populations des sections rurales et communales vers certaines zones urbaines, particulièrement dans la ville de Port-au-Prince, avait été amorcé bien des decennies auparavant, mais l'augmentation de la population urbaine et la dégradation de l'environnement, dus au phénomène de concentration, avait, en quelque sorte, été accéléré après le départ de Jean-Claude Duvalier en 1986. C'est-à-dire que, tout en attirant les paysans et les gens de l'arrière-pays par des promesses d'emplois, d'éducation et d'autres que pouvait offrir Port-au-Prince, l'arrivée et le mode de fonctionnment de ces gens avaient complètement modifié le visage de l'espace urbain dans certaines zones de la capitale.

Port-au-Prince, capitale ceinturée de bidonvilles, n'est pas différente des autres villes telles que Léogane et Jacmel, elles-mêmes très touchées lors du séisme destructeur du 12 janvier 2010. Depuis ce tremblement de terre, plus d'un se lança dans le projet de reconstruction en Haïti. Mais en l'évolution de ces constructions, les mécanismes répondant à la coordination, au développement et à la création des villes, dans le respect du cadre de vie des habitants, n'ont pas été respectés. Cet équilibre nécessaire entre la population et les institutions publiques et privées, en termes de réseau d'eau potable, d'assainissement, d'éclairage public, d'électricité, de centres de loisirs et de réseaux de communication, n'est pas visible dans le processus de construction. Donc, j'aime répéter que parmi les séminaires de formations animés dans le domaine de la planification urbaine, plus tout change, plus c'est la même chose !

Comme la population augmente rapidement, de nouveaux emplois devraient être créés, ce qui n'est pas le cas. Il est donc tout à fait compréhensible que, n'ayant pas les moyens de « *mener une vie normale, une grande partie de la population n'a d'autre moyen pour survivre que de se marginaliser sur des territoires qu'elle grignote lentement mais sûrement, en y construisant des taudis avec des matériaux de récupération dans un espace sans canalisation, sans eau courante, sans électricité, sans toilettes* ». Ainsi a commencé le phénomène des bidonvilles.

Bidonvilles en Haïti

« *Le mot bidonville a été employé pour la premiere fois en 1953 à propos du Maroc pour dire 'maisons en bidons', c'est-à-dire un ensemble d'habitations construites avec des materiaux de récupération »*. Depuis lors, ce phénomène a fait son chemin et devient présent dans presque tous les pays, particulièrement dans les moins avancés économiquement comme Haïti. Comme partout où ils en existent, ils sont construits en toute illégalité sur des terrains pour la plupart inondables, pollués ou sujets aux glissements de terrains. C'est pourquoi la vie dans les bidonvilles en Haïti est vraiment difficile. Les habitants dans de vastes ''favelas'' comme Cité Soleil, Solino, Cité l'Éternel, Jalousie, Mornes Hercules et Calvaire, Raboteau, Lafossette et Sainte-Hélène, pour ne citer que ceux-là, ont tous comme dénominateur commun le manque de services de base. Ces derniers sous-entend : l'assainissement, l'accès à l'eau potable, l'électricité, l'éclairage public, l'espace de loisirs, la gestion des déchets et les réseaux de communication.

Autres carateristiques propres à ces bidonvilles : ils ne sont pas conformes aux normes municipales et nationales de construction. Même lorsqu'ils sont considérés, dans certains cas, comme des « *petits monuments en béton »* avec plusieurs étages, le PLU (Plan local d'urbanisation) n'existe pas dans ces habitations dites de fortune. De plus, le surpeuplement, bien entendu avec plusieurs individus vivant dans une même chambre, est encore un autre élément retrouvé dans les bidonvilles d'Haïti. Dans cet état de promiscuité, la progation de certaines maladies dites contagieuses devient beaucoup plus facile.

La problématique de bidonvilisation et la pauvreté en Haïti restent deux phénomènes aussi complexes l'un que l'autre. La crise de bidonvilisation qui prévaut en Haïti *« a entraîné des manifestations de certaines situations socio-économiques vraiment néfastes à la survie de la population défavorisée. »* Par contre, en Haïti, il y a « *une minorité qui détient toutes les richesses (détenteurs du pouvoir politique, propriétaires de grands commerces, de grands revenus adéquats afin de jouir des grands modes de vie), tandis qu'il y a une grande majorité pour qui la vie sur terre devient un enfer. Cette dernière vit dans l'instabilité économique, dans la pauvreté, dans l'insatisfaction des besoins de bases ou primaires* ».

Face à ce constat, peut-on continuer à laisser, comme on le fait dans le cadre politique, le processus de construction entre les mains des amateurs ou des agences internationales qui ne cherchent que leurs intérêts mesquins face aux problèmes haïtiens ? Ou n'est-ce pas le moment d'intégrer des experts dans ce processus aussi vital pour le pays ?

Le rôle d'un urbaniste ?

En fait, pour parler de reconstruction dans les villes détruites par le tremblement de terre du 12 janvier 2012 et dans d'autres régions du pays, les autorités locales et le peuple haïtien en général doivent faire cesser les constuctions anarchiques. Mais comment utiliser les services d'un urbaniste ? Car « *le travail de l'urbaniste, loin de se réduire à un aspect réglementaire, vise à mettre en forme le projet territorial des collectivités. Son rôle est d'anticiper les besoins des populations afin de proposer un développement urbain efficace sur le plan socio-économique et durable sur le plan environnemental. Pour ce faire, il contribue à l'élaboration de documents d'urbanisme pour la collectivité territoriale concernée, en planifiant les équipements nécessaires (espaces publics, espaces verts, réseaux d'eau potable, d'assainissement, éclairage public, électricité, réseaux de communication). Il analyse la ville, mais aussi la région et le territoire rural, comme lieux d'interraction sous les angles économiques, sociaux, politiques, culturels et environnementaux. Il élabore, coordonne, supervise et verifie les instruiments de planifications et de réglementation en matière d'urbanisme, notamment les schémas d'amenagement, les plans d'urbanismes, les règlements d'urbanismes. Il élabore aussi des programmes de mise en œuvre, effectue un suivi et une evaluation des interventions. Il négocie des ententes rélatives à travers des projets de développement. Il écoute et comprend les positions defendues par les groupes de citoyens, les élus, les promoteurs et les developpeurs ».*

Depuis le séisme du 12 janvier 2010, l'État haïtien et l'international investissent dans des constructions. « *Il y a plus de 60 millions de dollars de constructions à Canaan »*, confie au quotidien le *Nouvelliste* l'ingénieur Harry Adam. Mais il ajoute : « *Ce sont 60 millions de dollars mal investis ».*

Dans une interview donnée au quotidien le *Nouvelliste* en date du 27 janvier 2014, Christian Rousseau, ingénieur et homme politique, observe que : « *Canaan n'est pas différent de Jalousie, de Cité Soleil. Il est un autre échec de la gestion urbaine du pays ».* Ce professeur à la faculté des Sciences impute en partie cet échec à des déficits institutionnels. Les TPTC, les mairies, l'EPPLS, dans ce pays où « *le laisser-aller est la norme, les progrès sont aux abonnés absents »*, explique Christian Rousseau. Il déplore aussi le refus des gouvernements successifs de « *s'attaquer au problème du cadastre ».*

Cinq ans après le séisme devastateur du 12 janvier 2010, on ne sent pas au sein de l'État haïtien l'intérêt de soutenir des solutions scientifiques et techniques pour réduire les problèmes anachiques de construction et de bidonvilisation en Haïti.

Prof. ESAU Jean-Baptiste

Texte 30

Un autre empereur Dessalines serait nécessaire dans la crise haïtiano-dominicaine

Contrairement aux dirigeants haïtiens qui sont restés passifs quand leurs citoyens sont en danger, quand la sécurité nationale des États-Unis est menacée, les autorités américaines sont sur pied de guerre. « Tous ceux qui ne sont pas avec nous, sont contre nous », disait l'ancien Président George Bush (fils).

Pour mieux comprendre le discours du Président américain, il fallait le placer dans le cadre de l'après les actions terroristes menées contre les États-Unis le 11 septembre 2001. Discours exceptionnel dans une circonstance exceptionelle d'un leader fort de son temps. Cette attitude est comparable à celle de l'Empereur Jean-Jacques Dessalines, premier fondateur de la nation qui, après l'indépendance de Haïti en 1804, tout en voulant faire de la nouvelle nation un pays libre où règneraient la prospérité, l'égalité, l'unité, et surtout la souveraineté, répondait à toute critique sur le massacre des Français : *« Peu m'importe le jugement de la postérité, pourvu que je sauve mon pays »*.

Plus de deux cents ans après cette déclaration, alors que la sécurité des Haïtiens dépend de la MINUSTAH, la crise haïtiano-dominicaine, une fois de plus, suscite un état de tension qui retient non seulement l'attention de l'international, mais révèle au grand jour des années de rancune des Dominicains envers les Haïtiens. Quand les Dominicains brûlent le drapeau bicolore haïtien, violent et, tuent par pendaison des jeunes Haïtiens, ce ne sont plus seulement des actes anti-haïtiens : il s'agit d'actes de guerre qui requièrent que le peuple haïtien s'unisse avec une détermination et une résolution sans faille contre l'animosité du voisin. Le sentiment anti-haïtien a atteint son paroxysme. Ce sont la liberté et la fiereté haïtienne qui sont attaquées.

Il faut rappeler que les Dominicains ont toujours témoigné une grande haine envers les Haïtiens, particulièrement depuis l'occupation de leur pays par l'administration de Jean-Pierre Boyer durant la première période du dix-neuvième siècle. Mais comme l'a tristement montré l'histoire, la violence entre ces deux peuples remonte plus particulièrement au siècle dernier. « *Longtemps après leur indépendance, les Dominicains en ont conservé un profond sentiment anti-haïtien. En 1937, par exemple, entre 12000 et 25000 Haïtiens vivant le long de la frontière ont été massacrés par les forces armées dominicaines. Le ressentiment ne s'est jamais réellement calmé. Dans les années récentes, il s'est manifesté sous la forme d'une opposition violente à l'immigration en provenance d'Haïti* ».

Le commerce haïtiano-dominicain

« *Un second aspect non négligeable dans la compréhension de cette crise dans les relations entre la République Dominicaine et Haïti c'est sans nul doute l'aspect économique soit en particulier les grands enjeux économiques et les grands intérêts économiques à la fois des grandes puissances impérialistes* ». Pour un pays qui, dans le temps, était essentiellement agricole, non seulement, aujourd'hui, les terres sont devastées et les productions agricoles sabotées, mais encore il n'y a pas vraiment de politique agricole basée sur le long terme. Conséquence négative : la survie alimentaire des Haïtiens dépend en grande partie du voisin dominicain. Comme l'État haïtien et démissionnaire, face á ce constat alarmant, nous cédons tous au voisin du l'autre côté *de* la frontière. Ainsi, « *une chose est certaine : la République Dominicaine tire de très grands bénéfices de ces marchés. Des données prouvent qu'Haïti a toujours été le second partenaire commercial de la République Dominicaine et que le commerce bilatéral a connu un grand essor au cours de la dernière décennie* ».

Bien que le marché haïtien soit important pour l'économie dominicaine, les Dominicains sont devenus, depuis des décennies, de plus en plus violents envers les jeunes Haïtiens qui font le déplacement en Républicaine Dominicaine pour faire des études universitaires, ou envers l'Haïtien en général. Chaque jour, la crise s'accroit entre la Républicaine Dominicaine et Haïti. La passion suscitée par cette crise met en danger la souveraineté nationale d'Haïti.

Une diplomatie haïtienne trop faible

Face à ce sentiment anti-haïtien, force est de constater que l'État Haïtien reste impuissant. La pendaison de Claude Jean Harry sur une place publique en Républicaine Dominicaine le 11 février dernier a secoué, toutes classes confondues, notre conscience de peuple, mais elle ne doit pas ébranler les fondations du pays de Jean-Jacques Dessalines.

À priori, pour mettre fin à cette crise, la diplomatie était donc la meilleure voie à suivre. C'était une bonne chose. Apparemment, la diplomatie entre Haïti et la Républicaine est dans l'impasse. Il était visible que la diplomatie échoue parce qu'au départ, le rapport de force n'était pas équilibré. On n'a jamais vu un pays plus fort accepter les propositions diplomatiques de l'autre. Donc, quand les options diplomatiques n'ont rien apporté, il faut penser à autre chose.

Certes, Claude Jean Harry était un cireur de chaussures, mais il était, comme nous tous, un Haïtien, petit-fils de l'empereur Jean-Jacques Dessalines-le-Grand. Donc, unissons-nous pour donner une réplique aux Dominicains pour que jamais plus ils ne renouvellent leurs comportements de sauvages. Quoiqu'il ne devrait pas vivre là-bas dans ces conditions infra-humaines pour faire le travail que refuse de faire les dominicains, puisque, selon l'idéal dessalinien, tout devrait être partagé équitablement entre les haitiens de toutes classes confondues. Ce qui explique, à son âge, Claude Jean Harry devrait être dans l'une des universités en Haïti. Malheureusement, avec les régimes compradore et les comportements anti-progressistes et anti-nationaux des dirigeants haïtiens, il parait que la mort de l'Empereur au Pont Rouge avait mis fin á son idéal dessalinien. Mais pour une fois, *« An nou montre panyol yo ke ti chany lan te gen met. Li pat pitimi san gado. Li se pitit papa Desalinn ».*

Prof. ESAU Jean-Baptiste

Texte 31

Le problème haïtiano-dominicain :
une crise dans la crise, *dixit* un diplomate

Depuis le dix-neuvième siècle, Haïti et la Republique Dominicaine évoluent dans une crise permanente. Cependant, la crise politique à laquelle Haïti fait face actuellement risque, avec le traitement infligé aux ressortissants haïtiens de l'autre côté de la frontiere, d'aggraver la situation d'instabilité politique du pays.

Haïti et la République Dominicaine sont deux pays au passé historique commun, donc géographique et économiquement liés. Néanmoins, l'histoire de la violence entre ces deux peuples qui partagent l'île Hispaniola est, mis à part les très brefs moments de calme apparent, toujours évidente. N'empêche qu'ils sont nombreux, ceux qui traversent la frontière pour aller travailler, investir, étudier et, certaines fois, comploter contre des dirigeants élus dans ce pays qui a toujours témoigné une très grande haine et animosité envers les Haïtiens.

En effet, comme l'ont tristement montré des auteurs haïtiens et étrangers, l'histoire de la violence entre ces deux peuples remonte plus particulièrement au début du siècle dernier. Effectivement, peu de temps après leur indépendance, les Dominicains ont manifesté une certaine animosité à l'encontre des Haïtiens travaillant dans les champs de canne à sucre des compagnies sucrières américano-dominicaines. Mais la xénophobie allait se développer jusqu'au jour où le Président de la République Dominicaine Rafael Trujillo a ordonné la mise à mort des milliers de Haïtiens. « *Le massacre des Haïtiens de 1937,*

211

aussi connu sous le nom de massacre du Persil, est un ensemble de meurtres perpétrés en octobre 1937 après la décision du Président de la République Dominicaine, Rafael Leónidas Trujillo Molina, d'éliminer physiquement les Haïtiens travaillant dans les plantations du pays. Ce massacre est surnommé Kouto-a (« le couteau ») par les Haïtiens et El Corte (« la coupe »). Il se déroula principalement le long de la rive dominicaine de la rivière Dajabon qui marque le tracé septentrional de la frontière entre les deux pays. De l'ordre de 20 000 Haïtiens, hommes, femmes et enfants, furent tués ».

Peu de temps après ce massacre, le régime dominicain avait décidé de fermer sa frontière avec Haïti, afin de permettre, « *après filtrage, l'arrivée de travailleurs haïtiens, à la demande des sociétés sucrières américano-dominicaines. Néanmoins, d'autres massacres seront perpétrés au cours des années suivantes. Les travailleurs haïtiens mourront également de faim, de froid et du paludisme* ».

Néanmoins, durant le régime dictatorial des Duvalier (père et fils) au siècle dernier, ce sentiment ne s'était jamais réellement calmé. Au contraire, l'animosité des Dominicains contre les travailleurs haïtiens s'était manifestée sous forme d'une opposition violente envers les immigrants haïtiens. « *Sous la dictature des Duvalier, les fuites étaient massives car les persécutions et les criminalités du régime sanguinaire de Papa et de Baby Doc atteignaient des proportions inouïes au sein de la société haïtienne. Or, la réalité n'est pas plus insupportable ici qu'ailleurs. La plupart de ceux et de celles qui arrivent sur le sol « voisin « s'installent dans des vastes champs de canne appelés « batey » pour peiner comme de véritables esclaves à en juger la pénibilité des conditions de vies et des travaux auxquels ils ou elles sont soumises* ».

Par contre, pendant les vingt dernières années, comme Haïti est devenue de plus en plus dépendante du marché dominicain, non seulement pour sa survie alimentaire, mais aussi pour son système universitaire quant à l'éducation des jeunes Haïtiens, ainsi elle contribue donc largement, avec des centaines de millions de dollars, à l'économie du voisin. *« Ce, en développant des industries qui produisent exclusivement pour Haïti qui ne fait que consommer sans avoir à se soucier même des normes en matière de production, de transport et de commercialisation. Cette dépendance alimentaire quasi-totale semble confiner les dirigeant(e)s du pays dans une position où toute tentative d'instaurer ne serait-ce qu'un très léger contrôle sur certains produits dominicains réputés mauvais comme le poulet, le salami, etc, est considérée par la république voisine comme une menace de guerre ».*

Mais cela ne s'arrête pas là, puisque l'incompétence des dirigeants haïtiens et le developpement de la communauté haïtienne de l'autre côté de la frontière ces dernières années mène, une fois de plus, à cette décision raciste et barbare prise par la Cour Constitutionnelle dominicaine *« de priver de leur nationalité un ensemble de ses citoyen(ne)s d'origine haïtienne nés entre 1929 et 2013, malgré les prescrits de sa Constitution, de ses lois internes et des conventions internationales ratifiées, telles que la Convention Interaméricaine des Droits de l'Homme, la Convention contre toutes les formes de discrimination à l'égard des femmes, le Pacte International Relatif aux Droits Civils et Politiques (PIDCP). La chasse systématique aux Haïtien(ne)s confirme ce fait ».*

Entre-temps, ils sont nombreux, ceux qui critiquent ou fustigent le silence de la communauté internationale face aux lois antiraciste et les violences faites aux Haïtiens en République Dominicaine. En fait, que dit l'international ?

Quelle est donc la position de l'international dans cette histoire ?

Depuis plusieurs semaines, la population haïtienne, dont les problèmes quotidiens ne font qu'empirer, manifeste pour réclamer le départ du Président Martelly. Mais la toute dernière manifestation de la société civile, le mois dernier, pour protester contre la pendaison du jeune Haïtien en Dominicanie, demeure une grande préoccupation pour une frange de l'international. Puisque cette communauté n'est pas pour un affrontement entre ces deux pays, en dépit, officiellement, de son silence, officieusement la MINUSTAH n'est pas prête pour un autre échec de ce genre á déclaré un diplomate qui veut garder l'anonymat. *Certes, le problème haïtiano-dominicain est une crise dans la crise, mais tout sera resolu, non parce que l'international se soucie de la violence faite aux Haïtiens, mais au-delà de toute inquietude le « Core Group veut que Martelly termine son quinquenat »* a indiqué, sur un ton quasi moqueur, ce même diplomate.

Selon un diplomate digne de confiance qui vit dans la capitale américaine, le comportement des manifestants haïtiens au Consulat dominicain à Port-au-Prince reste une violation des lois internationales, mais pour sauvegarder, avec Michel Martelly, un semblant de stabilité en Haïti, les pays amis d'Haïti feront tout ce qui est possible pour éviter un conflit armé. Il conclut en disant que la crise haïtiano-dominicaine sera très bientôt sur la table des discussions.

Prof. ESAU Jean-Baptiste

Texte 32

L'ancienne FAD'H serait-elle utile, face aux menaces imminentes des Dominicains ?

De la démobilisation par Aristide en janvier 1995 à une tentative de remobilisation par Martelly en 2012, ils sont nombreux aujourd'hui, ceux qui pensent à une armée dans la crise haïtiano-dominicaine. Des questions se posaient. Mais tout en réfléchissant sur le symbolisme de Vertières et l'idéal dessalinien dans le contexte politique actuel, le plus important de tous ces questionnements porte sur l'ancienne armée : serait-elle capable de faire obstacle à une éventuelle intervention militaire des Dominicains ?

Depuis les temps anciens, comme toute société, en termes de sécurité, le peuple haïtien a toujours eu deux grands besoins à satisfaire, auxquels on ne peut pas répondre de la même manière, voire considérer avec négligence ou amateurisme. *« La société doit d'abord être gouvernée et administrée, sans quoi elle ne peut constituer un tout cohérent. Quand cela est fait et que son identité est acquise, son besoin prioritaire, pour continuer d'être comme société, est d'être protégée. Elle a besoin d'une force qui la protège contre ses ennemis de l'extérieur et aussi d'assurer, sur son propre territoire, la protection des sociétaires, de leurs droits et de leurs biens, contre ceux au sein de la société qui menacent les droits des autres ».*

Théoriquement, la police et l'armée répondent donc à des problématiques totalement différentes. Si la mission de la police est de proteger et de servir, celle de l'armée est de défendre l'État contre ceux qui en contestent l'autorité. *« Armée et police ont des missions de sécurité complémentaires.*

L'armée surveille les menaces qui viennent d'ailleurs, la police celles qui peuvent sourdre au sein de la société même. Ces deux structures de sécurité ont donc, dès le départ, tendance à évoluer en parallèle et à devenir différentes, tant dans leurs moyens et leurs méthodes que dans leurs objectifs ».

Après 1804, l'Indépendance d'Haïti était fragile et précaire. Durant ses efforts pour consolider cet acquis, l'Empereur Jean-Jacques Dessalines, en grand statège, a, « *malgré les faiblesses et les défaillances de son administration, su poser des actes remarquables et prendre des mesures géniales.* » Pour empêcher toute idée de reconquête du territoire par la France ou quelque autre puissance colonisatrice et la mise en cause de l'indépendance de la nouvelle nation, toute une série de mesures défensives et offensives avaient été étudiées et exécutées par l'empereur. Ainsi, des forts ont été construits et l'armée réorganisée. « *Pour éviter un retour éventuel des Français, il organisait une armée de 52500 hommes soit 19% de la population avec Henri Christophe pour général en chef, faisait construire (par le décret du 9 avril 1804) des forts à travers tout le pays. Il entendait donner au pays la mer pour frontière.* « *Haïti doit avoir la mer pour frontière* », déclarait Jean-Jacques Dessalines.

De l'armée indigène à la gendarmerie, l'institution militaire a, depuis lors, changé de vocation. Le combat de Vertières avait « *finalement terrassé les rêves de grandeur de Napoléon Bonaparte sur la terre de Saint-Domingue, en Amérique et bien au-delà. Vertières, cette bataille légendaire dans laquelle le général François Capois, dit Capois-La-Mort, s'est illustré sur les fronts de la mort. Ce général, inspiré par la force de vaincre, pouvait passer d'un cheval à un autre, sans mettre les pieds à terre, pendant que les balles tirées en sa direction frôlaient son chapeau et renversaient les chevaux sur lesquels il chevauchait. En ces*

216

instants d'immortalité, il continuait à crier aux troupes dont il avait sous sa commande : « En avant, En avant » !

La gendarmerie après l'occupation en 1934

L'ancien général Prosper Avril, dans son livre *la Génèse des Forces Armées d'Haïti*, écrit : « *Haïti, avant même l'arrivée de Christophe Colomb en Amérique, a toujours disposé d'une armée à vocation de défense du territoire, concept maintenu tout au long de l'histoire nationale. Parti des faibles structures militaires des autochtones de l'île en passant par l'armée coloniale de Toussaint Louverture, notre pays, depuis l'indépendance en 1804, a connu 3 types d'armée : la première, avant 1915, dite indigène, la deuxième, sous l'occupation américaine de 1915, Gendarmerie, et enfin la troisième, après l'haïtianisation en 1934, dite haïtienne et connue sous les dénominations de 'Garde d'Haïti, d'Armée de Haïti ou de Forces Armées d'Haïti* ».

Créée par les États-Unis durant leurs dix-neuf années d'occupation (1915-1934), la gendarmerie nationale allait, après le départ des *Marines* en 1934, devenir une force de répression et une institution de déstabilisation dans la politique haïtienne. Avec le soutien de la communauté internationale, par le truchement des puissantes ambassades occidentales à Port-au-Prince, un général de l'armée d'Haïti, qui est toujours un agent de la CIA, peut décider à n'importe quel moment de la destinée d'un candidat à la présidence aussi bien que de celle d'un chef d'État en fonction, surtout si ce dirigeant remet en cause ses intérêts. « *Les années se sont écoulées et les États-Unis ont toujours pu maintenir une forte emprise sur la hiérarchie militaire, même après le passage des Duvalier. Les principaux officiers qui ont dirigé le coup d'État de septembre 1990 ont été formés dans les écoles militaires américaines. Michel François, Cédras et d'autres officiers supérieurs auraient travaillé pour la CIA ».*

L'armée d'Haïti (FAD'H) a toujours joué un rôle important dans les affaires politiques du pays. Quand elle n'est pas à l'avant-scène de la politique, elle est parfois la marionnette des pouvoirs civils dans leurs basses œuvres. Depuis l'épopée de Vertières, c'était la décadence. L'histoire des forces armées d'Haïti est faite de coups d'État, complots, arrestations arbitraires et assassinats exécutés par des militaires qui se comportaient, dans bien des cas, comme des bourreaux et les hommes de mains de certains régimes des dirigeants assoiffés de pouvoirs. Du bas niveau, c'est à dire du grade de caporal à ceux de l'état-major, le militaire haïtien était corrompu. « *L'armée est organisée en pratique, non en théorie sur là-base de la corruption. En d'autres termes, la corruption se retrouve dans le processus à tous les niveaux, depuis les promotions* jusqu'aux *nominations en passant par la routine quotidienne de la vie militaire* ».

Quant aux anciens gradés de l'Académie Militaire d'Haïti, ils savaient aller à *West Point* aux États-Unis pour parfaire leur formation militaire. Et c'est à partir de ces déplacements que bon nombre d'entre eux sont devenus, bien entendu durant ou après leur formation, des agents de déstabilisation et d'infiltration au sein de l'institution militaire au profit du pays qui les a formés.

L'armée d'Haïti durant les régimes des Duvalier

Effectivement, de l'indépendance en 1804 jusqu'à la démobilisation des forces armées à la fin du vingtième siècle, nombreux furent les officiers et généraux qui, directement ou indirectement, ont influencé la politique ou occupé le poste de Président en Haïti. Cependant, avec l'arrivée du docteur François Duvalier au pouvoir en 1957, l'équation allait changer. Pendant presque trente ans de régime (père et fils), le militaire haïtien allait devenir, de l'acteur qu'il était pendant toute la première moitié du siècle – tout en jouant un rôle de suppléant des macoutes dans l'exécution des sales besognes des dictateurs –, un observateur de la politique.

De leurs postes dans les casernes, certains militaires, du grade de soldat à ceux de l'état-major, furent parfois arrêtés, tués, du moins exilés dans des postes d'attachés militaires dans des ambassades. Sous le gouvernement des Duvalier, les militaires, dans bien des cas des hauts gradés, furent souvent embarrassés par des macoutes, ainsi que leurs femmes et maîtresses. Ainsi, pendant tout le vingtième siècle, l'armée d'Haïti n'a jamais fait peur aux autres forces militaires de la région, voire au voisin du côté de la frontière.

L'armée d'Haïti après 1986

C'est cette armée, bien entendu après une absence de 29 ans sur la scène politique, « *que, seul François Duvalier avait su mater et maintenir en dehors du jeu politique, peu préparée avec des effectifs limités, controlés* », qui, au lendemain même du 7 février, est arrivé au pouvoir. « *Le 7 février 86 a ravivé les aspirations des militaires haïtiens. Cette date, important pour l'armée d'Haïti, a dissipé sa nostalgie qui remonte à l'époque ou Paul E. Magloire faisait 'la pluie et le beau temps'. En ce temps-là, le colonel Magloire nomme et révoque les chefs d'État à son gré. Si, pendant 30 ans, l'armée d'Haïti a gardé religieusement ses casernes sans franchir les limites de ses droits et devoirs, c'était pour attendre, en silence, l'exaucement de sa prière faite avec ferveur : que son règne vienne pour que sa volonté domine sur le pouvoir exécutif et judiciaire* ».

219

Comme les militaires avaient repris goût au pouvoir, ainsi se battaient-ils entre eux. Le coup raté du colonel Rebu et consorts contre le général Prospère Avril en 1989 donnait lieu à une confrontation, non seulement entre les unités les mieux équipées et préparées des Forces Armées d'Haïti, mais il exhibait au grand jour les lacunes et faiblesses de cette institution.

Mis à part le problème hiérachique que posait le rôle et pouvoir du sergent Heubreux durant l'administration d'Avril, mais lorsque, après le coup manqué, le généal-président avait dissous deux grandes unités comme le Corps des Léopards et les Casernes Dessalines dans l'effectif des forces armées d'Haïti, donc il ne restait donc pas grand-chose à démettre de cette institution par le Président Aristide. Ainsi, l'armée de l'après Avril était devenue une institution encore plus faible qu'auparavant.

Les détracteurs du Président Aristide peuvent bien lui reprocher son implication directe dans le démantèlement des Forces Armées, particulièrement sa façon arbitraire et inconstitutionnelle de mettre à pied les soldats et officiers de cette institution, mais l'histoire retiendra aussi que le général Avril a été le premier à poser la première pierre conduisant à la dissolution de la FAD'H.

La crise qui perdure entre Haïti et la République Dominicaine fait peur et soulève des questions inquiétantes. Mais, parmi tous les questionnements, nombreux sont ceux qui s'interrogent sur la capacité de l'armée d'Haïti, si elle existait encore aujourd'hui, à faire face aux menaces imminentes des Dominicains, alors qu'elle est démobilisée depuis presque vingt ans. Aujourd'hui encore, les nostalgiques des « *anciens militaires des Forces armées* d'Haïti *(FAd'H) n'entendent pas mettre un terme à leur pèlerinage entamé depuis plusieurs années. Mercredi, plusieurs dizaines d'entre eux, provenant de différents points de la région métropolitaine, se sont rencontrés à la capitale, afin de fixer leur position sur la nécessité de rétablir ladite institution. Ils indiquent qu'ils sont au nombre de 14 000 environ, éparpillés au niveau des dix départements et « prêts à servir le pays ».*

Cependant, plusieurs des anciens haut gradés des FAD'H qui vivent actuellement aux États-Unis sont nombreux à croire que l'armée d'Haïti ne serait pas capable de combattre les Dominicains. Le constat n'est pas différent pour les anciens soldats des Casernes Dessalines et du Corps des Léopards, deux unités parmi les mieux équipées et préparées de l'ancienne Force Armée d'Haïti. Par ailleurs, d'autres anciens militaires estiment qu'une force armée reste nécessaire pour Haïti, non pour combattre la République Dominicaine, mais pour faire obstacle aux bandits qui sèment le deuil dans les familles haïtiennes. « *En 1915, lorsque les Américains envahirent Haïti, l'armée indigène, issue des luttes pour la libération nationale, fut remplacée par une garde nationale dénommée « Gendarmerie » par la Constitution de 1918. Malgré les transformations qui y seront effectuées, la nouvelle « armée » instaurée par la force d'occupation n'a jamais cessé d'être elle-même une force d'occupation interne. Au cours des années, les 7500 soldats restants étaient surtout concentrés dans la capitale et dans les villes les plus importantes. L'armée disposait de casernes et d'avant-postes, mais fonctionnait avec des effectifs réduits. Elle remplissait surtout le rôle d'une police rurale et était représentée dans les sections communales par un chef de section, sorte de shérif tout-puissant qui s'entourait d'une dizaine d'adjoints ».*

Tandis que, de l'autre côté de la frontière, « *les forces armées dominicaines (en espagnol : Fuerzas Armadas de la República Dominicana) consistent en 44 500 personnels actifs et en une armée de terre, une armée de l'air (Force*

221

aérienne dominicaine) et une marine (Marine de guerre dominicaine). Leur rôle est de défendre la nation et son intégrité territoriale. L'armée de terre est la plus importante branche, comprenant 24 000 soldats actifs et se composant de six brigades d'infanterie, d'une brigade de soutien au combat, d'un escadron aérien et d'une brigade logistique. La force aérienne, constituée de 40 aéronefs dispose de deux bases : une près de Saint-Domingue dans le sud du pays et l'autre au nord du pays. La marine est quant à elle constituée de 33 navires. La République Dominicaine est le deuxième État en termes d'effectifs militaires des Caraïbes, après Cuba. Le pays est principalement équipé par les Américains ».

Prof. ESAU Jean-Baptiste

Texte 33

Pourquoi l'État haïtien et l'international se taisent-ils quand des gens meurent à Cité Soleil ?

Depuis bien des décennies, Cité Soleil est une source économique pour certains, une base politique pour d'autres. Cependant, tandis que l'on fait de la Cité la capitale économique ou politique au nom de cette commune, les pauvres gens continuent à être manipulés, bafoués par des politiciens d'Haïti et les experts internationaux.

Avec un vaste ensemble d'habitats précaires, où la misère est concentrée, Cité Soleil, immense bidonville non loin de Port-au-Prince, est une commune sans infrastructures modernes. Cependant, avec des projets insignifiants dans la Cité, chaque jour, des experts de l'international ou des consultants nationaux entretiennent leur capital. La pauvreté est si criante dans cette commune que beaucoup se questionnent sur le financement de l'international et du gouvernement haïtien en termes de progrès réalisés dans les quartiers défavorisés qui la composent. Où est passé tout le financement, ont-ils demandé ?

De Cité Simone à Cité Soleil

Cette agglomération de logements précaires située dans le département de l'Ouest remonte au temps de sa fondation par le Docteur François Duvalier, où, à l'origine, dans les années 1960, elle portait le nom de Cité Simone, en référence à l'épouse du dictateur, Simone Ovide. Au départ de Jean-Claude Duvalier en 1986, en signe de reconnaissance à la *Radio Catholique* qui avait mené une bataille serrée aux côtés du peuple haïtien, Cité Simone était devenue Cité Soleil, du nom de la radio qui émettait à l'époque depuis le Petit Séminaire Collège Saint Martial. Loin de résoudre les problèmes majeurs de cette Cité, tout en changeant de nom, elle est pour autant restée la poule aux œufs d'or des experts nationaux et internationaux. Plus que tout change, plus c'est la même chose !

Changer pour rester la même

Avec l'exode rural et le déplacement des gens d'une zone à une autre, la population de Cité Soleil a augmenté. En devenant une commune, bien que l'on ignore les besoins quotidiens pour faire fonctionner ce vaste bidonville, Cité Soleil avait droit à des autorités élues comme : ASEC, CASEC, un magistrat et un député. Et pourtant, bien qu'elle soit devenue plus pauvre qu'auparavant, ce changement a, pour autant, fait l'affaire des politiciens. Étant l'une des communes avec une très forte population dans le département de l'Ouest qui compte presque 45% de l'électorat haïtien, Cité Soleil, avec son fort pourcentage de gens en âge de voter, a toujours joué un rôle important dans les élections en Haïti. Grâce au pouvoir de l'argent et les facilités de manipulation de certains politiciens sur le terrain, des têtes de pont dans la Cité, particulièrement des jeunes, ont souvent été utilisés selon les vœux et besoins du chef du moment dans l'exécution des sales besognes des apprentis dictateurs.

Les récents événements des derniers jours constituent des témoignages de violents combats opposant régulièrement les groupes de différents gangs criminels dans la Cité. Face à cette situation, comment le gouvernement haïtien et les organisations des droits humains ont-ils pu faire silence dans ce dossier ? Pourquoi la police et la MINUSTAH, respectivement dans leurs rôles de protection, de servir et, de stabilisation, restent-elles impuissantes face aux exactions des bandits ? Est-ce une question de stratégie à l'approche des élections ?

Si les autorités haïtiennes et leurs amis de l'international sont muets face aux actes de violences des bandits dans cette commune, cette passivité fait peur. Car si les gangs armés imposaient leurs lois aux habitants dans la Cité, il ne devrait pas être ainsi quand il y a une présence policière de la Police Nationale d'Haïti (PNH) et des troupes de la MINUSTAH dans la commune, En continuant d'incarner la peur á tous ceux qui soit dans leur travail ou par curiosité voulaient aller dans cette commune, si, dans les jours qui viennent, rien n'est fait pour mettre les bandits en état de nuire, il ne serait pas facile pour des journalistes et des membres d'organisations humanitaires d'aller la bas pour faire leur travail.

Depuis bien des années, mis à part Port-au-Prince, la capitale, s'il existe une autre commune au profit de laquelle des millions ont été versés sans contrôle pour des projets insignifiants, c'est bien Cité Soleil. C'est cette dernière qui, depuis 1986, a connu beaucoup de changements, sauf dans la situation de misère des pauvres gens qui y habitent. S'il existe des écoles et des cliniques à Cité Soleil, ce ne sont que de misérables bâtiments qui ne répondent pas aux normes modernes de construction. Ils ont été construits par des gouvernements tout simplement sans vision et par des amis de l'international peu enclins à l'assistance.

La Cité avant, pendant et après 2004

Située au nord de Port-au-Prince, ce vaste bidonville est, depuis des années, consideré comme le fief des groupes armés. Citons par exemple l'époque où les kidnappings se multipliaient dans la cité, peu après février 2004 : « *il était très risqué de prendre, après une certaine heure, la route nationale n°1, voire faire un virage pour rentrer à Cité Soleil. Comme chefs de service routier du pays, les bandits imposaient leurs lois aux chauffeurs des voitures privées et aux transports publics. Malheur à vous si, à la nuit tombante, vous passiez*

225

non loin de la route neuf (9) qui conduit à ce bidonville car vous courez tous les risques d'être enlevés ou tués ».

Quand ils n'ont pas été enlevés ou tués, par crainte pour la vie des membres de leurs familles aussi bien de leurs employés, plusieurs propriétaires de maisons de commerces, lorsqu'elles n'avaient pas déjà été brûlées ou pillées, ont été obligés de fermer les portes de leurs business. Tandis que ceux-là qui venaient de province pour faire de cette commune ce qu'elle est en termes de population ont par milliers « *regagné leurs villages d'origine en attendant que cessent les agressions, meurtres gratuits, guerres de gangs et affrontements avec les soldats de la Mission de stabilisation des Nations-Unies en Haïti. Les autres, à l'exception des proches des chefs de gang qui ont un minimum d'assurance de vivre sans être vraiment inquiétés, se sont simplement résignés à leur sort. Pauvres parmi les pauvres, ils n'avaient nulle part où aller* ».

La pauvreté étant un terrain fertile à la violence, il ne passe pas une semaine sans annonce d'un affrontement entre des gangs armés dans la Cité. À cause du silence des autorités, la violence prend de sérieuses poportions ces derniers jours. « *Pour ce qui est de la violence ces dernieres semaines à Cité Soleil, elle s'inscrit dans la continuité d'une logique d'un état démissionaire et d'une mission des concentre aujourd'hui tous les maux de la société* ».

Ce vaste bidonville continue d'être, même avec des petits projets d'assainissements, de hautes intensités de mains d'oeuvres de l'international, un espace ou les discours politiques des dirigeants locaux ne répondent pas aux réalités socio-économiques des habitants.

Prof. ESAU Jean-Baptiste

Texte 34

Haïti, ce pays qui choque le bon sens

L'élection est universellement reconnue et acceptée comme étant la seule méthode juste et libre de choisir les dirigeants politiques. Mais quand ils viennent de nulle part sans expérience politique ni formation académique, il y a matière à s'interroger sur les candidats et les retombées d'un tel processus.

Les élections remplissent de nombreuses fonctions importantes dans la société. Elles socialisent, institutionnalisent l'activité politique, et surtout rendent possible l'accès de beaucoup de citoyens à des postes politiques. Le processus électoral permet, á des citoyens, l'arrivée au pouvoir sans pour autant passer par des manifestations, des émeutes ou des révolutions. En un mot, les élections offrent un accès régulier au pouvoir politique, où les dirigeants peuvent être remplacés sans pour autant être renversés par un coup de force.

Les élections de 2015

Le lancement du processus électoral avait suscité bien des remous au sein de la classe politique, particulièrement les membres de l'opposition. Parmi ces problèmes, plus d'un est resté insoluble quant à l'avenir de ce scrutin dans le processus démocratique. Des questions se posaient... celles qui avaient obtenu des réponses et d'autres sur lesquelles il faudrait bien s'attarder durant encore bien des années. À dessein, certains se demandent quelle serait la composition de la prochaine législature ? Deviendra t-il le repaire des 'bandits légaux' ou des narcotrafiquants? Déjà, la crédibilité de celle-ci est soumise à rude épreuve. Mais le plus important de tous ces questionnements reste dans la liste des candidats inscrits à ce scrutin.

Au début des années 2000, l'ambassadeur américain Brian Dean Curran anticipait l'idée d'une nouvelle classe politique. C'était dans cet ordre d'idées que, dans son discours très significatif prononcé le 9 juillet 2003 lors d'une soirée d'adieu organisée par la HAMCHAM, il déclarait : « *J'espère que les têtes froides prévaudront. Et j'espère que l'ultime incohérence, la nostalgie de l'ère duvaliérienne, n'induira personne à appuyer financièrement ou autrement, aucun rôle politique pour Jean-Claude Duvalier. Le passage du temps ne devrait pas effacer les crimes. Les pages de l'histoire ne peuvent pas être retournées. Cherchez de préférence parmi vos incroyablement talentueux jeunes professionnels éduqués à Harvard, Columbia, Stanford, Georgetown et autres universités américaines, à la Sorbonne ou l'HEC, à McGill ou Laval, pour une nouvelle génération de leaderships politiques, éprouvés dans le creuset des idées modernes, mais maintenant en Haïti, préparant un meilleur avenir pour Haïti et non la pérennité, la nostalgie ou la revanche* ».

Si, au nom de la démocratie, la communauté internationale à toujours le dernier mot dans un processus électoral en Haïti, aux États-Unis, le pays de l'ambassadeur, les choses se font différemment. Lors de la crise électorale des élections présidentielles de novembre 2000 opposant les candidats George W. Bush et Al Gore, Bill Clinton, alors Président sortant, n'avait pas fait appel à l'OEA pour trancher un sujet de souveraineté nationale comme cela se fait en Haïti, la « république des comédiens ».

Contrairement à Haïti où des citoyens sans capacité académique ni expérience dans les affaires politiques ou publiques se portent candidats à la présidence à quelques semaines d'une course électorale, pour bon nombre de présidents américains, le chemin vers la Maison Blanche implique un long apprentissage dans la fonction publique. C'est à vingt ou trente ans qu'ils commencèrent leur

228

carrière, généralement à des niveaux inférieurs du système politique, pour finalement, après de long mois campagne entre les candidats, devenir le nominé de leur parti. Apparemment, les deux-tiers des présidents américains ont tout d'abord siégé soit à la Chambre des représentants (six), au Sénat (six) et, dans bien des cas, dans les deux Chambres à la fois, soit comme gouverneur (dix) ou vice-président (quatorze). Les autres viennent d'horizons différents.

Bref, depuis ce fameux discours de l'ambassadeur américain Brian Dean Curran en 2003, les CEP ne font qu'inscrire des candidats sans compétences académiques ni expérience de la fonction publique. Lá n'est pas le problème, puisque il n'y a aucune exigence constitutionnelle dans ce domaine. Mais lá ou est le problème, c'est quand ils sont repris de justice ou des individus au passé douteux qui, á travers un poste électif, cherchent á se couvert de toute immunité.

Dans un rapport sur les élections de 2015, publié le mardi 2 juin de cette même année, le Réseau National de Défense des Droits Humains (RNDDH) questionne la moralité de certains candidats, dont 35 candidats (4 au Sénat et 31 à la députation) en lice pour les prochaines législatives, seraient de moralité douteuse. *''Trente-cinq candidats aux législatives sont pointés du doigt dans ce rapport non exhaustif du Réseau national de défense des droits humains (RNDDH) qui a révélé certains faits troublants portant spécifiquement sur la moralité des candidats aux législatives et qui est de nature à inquiéter tous les citoyens haïtiens. En effet, certains citoyens en conflit avec la loi se sont portés candidats en dépit du fait que le décret électoral leur fait exigence de se munir d'un certificat prouvant qu'ils sont de bonne vie et mœurs. Les candidats mentionnés dans le rapport ont été contraints par la justice pour des motifs divers tels qu'assassinat, escroquerie, abus de confiance, cas de violence, agression et voies de fait, enlèvement, vol, viol, usage de faux, association de malfaiteurs, trafic illicite de stupéfiants, détention illégale d'arme à feu, corruption, vol de propriété, entre autres''.*

Face à ces différents cas, mis á part de l'ingérence de la communauté internationale, le peuple, soit par manipulation ou autres, ne fait qu'élire des dirigeants sans moralité, vision et capacité académique. Mais où sont les universitaires de ce pays ? Où sont-ils, les diplomés du FUBRIGHT, de Harvard, Columbia, Stanford, Georgetown et autres universités américaines, de la Sorbonne ou de HEC, McGill ou Laval dont parlait l'ambassadeur améicain ?

Certes, il n'y avait pas assez d'écoles ni d'univesités sous le régime dictatorial de Jean-Claude Duvalier, n'empêche que la station d'État *Radio Nationale* savait motiver les jeunes à faire de l'éducation une priorité. On pouvait, presque lors de chaque émission, surtout pendant la proclamation des résultats du bac, entendre ce qui suit : « *l'avenir est aux jeunes qui prennent leurs études aux sérieux. Jeunes amis, dès maintenant, pensez à votre avenir. La patrie a besoin de vous* ». Question de leur dire : si vous vouliez être utiles à vous-mêmes, à votre famille et à votre communauté, restez à l'école et faites des études poussées.

Dans l'Haïti d'aujourd'hui, « république des comédiens », nul n'est besoin de faire des études avancées dans les prestigieux centres universitaires pour pouvoir accéder à des postes politiques. C'est comme une bataille ouverte de la mediocrité contre l'intelligentsia de ce pays.

À regarder le profil des candidats, ils sont nombreux ces musiciens qui veulent briguer des postes électifs. Ce qui donne raison à mon ami, ancien secrétaire d'État sous le gouvernement de René Préval (deuxième version), quand il me conseillait de faire premièrement de la musique, si toutefois je voulais accéder à une carrière politique dans le futur.

Dans la foulée, nous avons eu le privilège de rencontrer certains de ces candidats pour parler des raisons qui les ont poussés à prendre de telles décisions. L'un d'eux déclara : *« si Martelly kab prezidan. Pou ki sa nou pa kab depite, majistra ou byen senate »*. Il poursuit en disant que la communaute internationale aime travailler avec des élus qui n'ont pas de grandes expériences politiques ni de formation académique. Ils sont plus faciles à manipuler, disait-il. Tandis qu'un autre déclarait : *« pourquoi il y a autant de commentaires sur notre formation académique et notre expérience politique quand il y a des soi-disant experts de l'internationale au pays, qui ne sont pas plus qualifiés que nous »* ?

J'ai conclu avec les mots de l'ancien ministre de la culture, Pierre Raymond Dumas, que *« la politique avant tout c'est l'affaire des intellectuels, des "save", des professionnels de toute catégorie, des citoyens compétents. C'est un champ d'action qu'on ne doit pas laisser aux charlatans, aux médiocres, aux aventuriens, aux forces malsaines, aux bandits – légaux ou non –, bref aux apatriotes et aux affairistes »*. Car, *« Un peuple qui élit des corrompus, des renégats, des imposteurs, des voleurs et des traitres n'est pas victime ! Il est complice. »* (George Orwell).

Prof. ESAU Jean-Baptiste

Texte 35

Encore des élections pour des nostalgiques du pouvoir

Les dépenses d'un processus électoral sont coûteuses non seulement pour le Trésor Public, mais aussi pour les candidats, les partis ou regroupements politiques. N'empêche que, pour une bonne santé démocratique, il est urgent d'organizer des élections régulièrement. Cependant, dans le cas de Haïti, du premier Président élu post-Duvalier, Lesly Francois Manigat, à l'actuel chef d'État, la culture démocratique est en dents de scie et n'arrive pas encore, plus de 25 ans après, à prendre son cap. C'est à se demander : encore d'autres élections mais pour faire quoi et pour quel type de candidats ?

Ce scrutin à peine annoncé, des notes discordantes se faisaient entendre. Certaines personnes, inquiètes et pessimistes, avaient posé ces questions : encore des crises électorales en perspective, pourquoi des élections en Haïti quand elles n'apportent toujours pas le résultat tant attendu ? Haïti peut-elle se contenter d'organiser des élections juste pour le plaisir ou tout simplement parce qu'elles sont les pré-requis des règles du jeu démocratique ? se demandaient d'autres personnes.

En effet, certains candidats, avec leurs acolytes bien en place, ont misé sur des élections frauduleuses afin de revenir en force au pouvoir. Malgré leurs grands moyens économiques et de multiplication de contacts auprès des institutions nationales et internationales, dans le but de faciliter leurs victoires, la société civile et les partis politiques de l'opposition restent vigilants, afin de faire obstacle à ces nostalgiques du pouvoir.

Élections, oui, mais pour faire quoi ?

Si les élections représentent le mode démocratique de désignation du personnel politique, des urnes d'Haïti sortent trop souvent des dictateurs, des contempteurs de la démocratie, pensent des analystes de la politique haïtienne. Selon eux, *les expériences électorales en Haïti ont toujours recelé un illogisme au niveau de l'attente même du peuple haïtien à en tirer quelque chose de positif. Depuis 1986, on organise toujours des élections, et ceci sans grands bénéfices pour les classes défavorisées. Avec le massacre du 29 novembre 1987, Haïti a raté les premières élections post-Duvalier. Depuis, parce qu'elles n'étaient organisées et orientées que dans l'intérêt du parti au pouvoir, les élections qui s'ensuivent (1990, 1995, 2000, 2006, 2009 et 2010) nous ont donné des résultats insatisfaisants de mauvaise gouvernance.*

Pendant 25 ans d'expérience de transition démocratique, sous la supervision et la collaboration des experts de la communauté internationale, les Conseils Électoraux Provisoires ont organisé plus d'une dizaine d'élections. Mais quelles sont les conséquences de ce scrutin sur la vie du peuple haïtien ? Dans son article *Les élections : un casse-tête haïtien*, le professeur Guy-Michel Vincent déclare : « *aucune d'elles n'est sans reproche, par excès ou par défaut* ». Depuis la journée macabre du 29 novembre 1987 marquée par le massacre de la ruelle Vaillant jusqu'à celles controversées du 28 novembre 2010, presque toutes les élections en Haïti ont toujours été entachées d'irrégularités, quand ce n'était pas de violences. En commentant les crises politiques haïtiennes de l'après 1986, le professeur Vincent a « *traduit la période électorale post-duvaliériste comme une réalité tumultueuse en Haïti* ».

Est-ce genre d'élections et de gouvernements que mérite le peupe haïtien ? Ou mérite-t-il des élections crédibles qui donnent pour résultats des dirigeants de grande valeur morale, compétents et responsables, qui peuvent se soucier des fonctions régaliennes du pays ? Cette année encore, va-t-on organiser des élections pour reconduire frauduleusement les mêmes dirigeants et les soutenir, alors qu'ils ne sont que des marionnettes de la communauté internationale, ou va-t-on les chasser quand ils se seront rebellés contre les diktats des grandes puissances occidentales ?

En fin de compte, le sempiternel succès durant ces vingt dernières années de ces candidats improvisés qui viennent de nulle part fait penser à plus d'un que cela ne peut plus continuer. Le peuple et les partenaires de l'international, particulièrement l'OEA, doivent s'arrêter dans leurs démarche d'élire ou de selectionner des « *gren senk politik.* »

Que peut-on espérer de ce scrutin ?

En surplus de la crédibilité des scrutins durant les deniers décennies, il est important aussi de rappeler que Haïti a raté pas mal d'occasions pour se lancer dans le progrès et la modernité parce que le peuple a toujours laissé les grandes décisions de ce pays entre les mains des amateurs. Car un pouvoir amateur, concentré autour d'une seule personne, avec des parlementaires prêts à sacrifier l'institution qu'ils représentent au profit des intérêts mesquins, est l'ennemi du développement. Pour que les prochaines élections puissent apporter de bons résultats pour le pays, l'électorat doit choisir des parlementaires et des maires qui, à travers des programmes bien élaborés répondant aux besoins réels du peuple haïtien, pourront résoudre les problèmes structurels et conjoncturels du pays.

Mis à part ce problème de détérioration de l'environne-ment, les bandits imposent leurs propres lois aux paisibles citoyens en proie à des crises en tous genres. Comme les mêmes causes produisent les mêmes effets, le pays ne peut donc plus continuer à recycler les mêmes politiciens post-Duvalier, à savoir les amateurs, les immoraux et *'grenn senk'* de la politique. Si tout continue avec la complicité de l'international, on retrouvera les mêmes résultats négatifs : une Haïti sans emplois, sans sécurité, sans écoles, sans infrastructures, avec des dirigeants immoraux, arrogants et corrompus.

Au regard de toute cette machination, il est clair que quelque chose est en train de se planifier pour qu'à travers ces élections, des nostalgiques du pouvoir puissent satisfaire leur égo. Mais les démocrates de ce pays ne sauraient laisser passer cette tendance machiavélique sans répondre à l'interrogation principale du pouvoir et de ses acolytes.

Prof. ESAU Jean-Baptiste

Texte 36

Charlemagne Péralte, le nationaliste oublié

Comme celles de beaucoup d'autres grandes puissances, depuis plus de 150 ans, les interventions militaires des États-Unis dans le monde sont nombreuses. Dans certains cas, les causes sont parfois justifiées et dans d'autres, dénoncées par des institutions internationales et des nationalistes du pays occupé. Tel a été le cas de Charlemagne Péralte en 1915 qui, à travers des mouvements armés, se révoltait contre l'occupation des Marines américains en Haïti.

Il est vrai que les troubles politiques á travers le pays ont été un prétexte pour le grand voisin du nord à envahir Haïti, mais, dans la foulée, d'autres interêts pouvaient justifier l'intervention américaine en 1915 : « *D'ailleurs, depuis la déclaration du Président Monroe adressée au Congrès de son pays en 1823, les Américains s'étaient spécialisés à envahir soit le Mexique pour lui dérober de grandes parties de son territoire et de ses richesses naturelles soit les pays de l'Amérique Centrale et des Caraïbes comme le Nicaragua, la République Dominicaine. L'amendement Platt de 1901 qui a concédé à l'État américain la baie de Guantanamo à Cuba n'est pas étrangé à Monroe. Celui-ci a développé sa doctrine vulgarisée sous le nom de Doctrine de Monroe en interdisant aux Européens de faire de nouvelles conquêtes dans les Amériques tout en s'abstenant de s'ingérer dans leurs affaires. C'était tacitement un premier partage du monde avant le traité de Yalta en 1945 qui régala les occidentaux de l'Afrique et l'Union soviétique sous la baguette de Staline de l'est de l'Europe* » (*Alter Presse*, le 16 mai 2008).

Comme le veut la doctrine de Monroe, l'Amérique est aux Américains. Sur cette base, le grand voisin du nord, en debarquant en Haïti le 29 juillet 1915, avait fait main basse sur le petit pays des Caraïbes. N'empêche que, malgré la résistance de Charlemagne Péralte dans la ville de Léogane, le déploiement des forces américaines en Haïti s'était passé sans incident majeur dans le pays. Effectivement, Charlemagne Péralte, le commandant de cette ville du département de l'Ouest situé à quelques kilomètres de Port-au-Prince, la capitale, avait refusé de déposer les armes sans en avoir reçu l'ordre officiel des autorités haïtiennes.

Une fois au pays, comme ils le font dans tous les pays qu'ils occupent, les *Marines* avaient non seulement tout imposé aux Haïtiens, mais ils contrôlaient aussi toutes les richesses d'Haïti. « *Les occupants ont un comportement typique partout où ils se trouvent : l'humiliation des nationaux, l'irrespect des lois du pays en question, l'accaparement manu militari de ses richesses. Les élites noires et mulâtres, le gouvernement et l'ensemble de la classe dominante, ont accueilli avec chaleur l'occupation d'après l'amiral Caperton, chef de l'opération dans une lettre au Secrétaire de la Marine. La paysannerie au contraire a résisté pendant plusieurs années avec des moyens inégaux. Elle s'est soulevée sous la direction de Charlemagne Péralte qui, après son lâche assassinat par les marines, a été remplacé par Benoît Batraville. Les Américains parmi leurs premières mesures, ont quasiment nommé leur propre Président en la personne de Sudre Dartiguenave le 12 août 1915, ont dissout en 1917 l'assemblée nationale parce que les parlementaires haïtiens refusaient de voter la nouvelle Constitution écrite par l'ancien Sous- Secrétaire de la Navy Franklin Roosevelt lui-même et nommé un Conseil d'État. En 1919, ils ont rétabli une vielle loi appelée* « *corvée* » *qui obligeait les paysans à fournir six jours de travail gratuits pour la construction et l'entretien des routes.* » (*Alter Presse*, le 16 mai 2008).

Charlemagne Péralte, le militaire exemplaire

De juillet 1915 à juillet 2015, cela fait cent ans que les *Marines* américains ont occupé Haïti. À l'occasion, il est d'une importance capitale de ressuciter le nom de Charlemagne Péralte dont la mort, aujourd'hui encore, est considérée comme celle d'un martyr national.

À cause de son comportement de rebelle, une fois sa carrière militaire et administrative brisée, Charlemagne Péralte démissionnait de l'institution et retournait dans sa ville natale de Hinche.

Entre-temps, les occupants manifestaient non seulement du racisme envers les occupés, mais aussi contrôlaient tout dans le pays. Si, à partir des avantages dont ils ont bénéficié, cette occupation plaisait à un petit groupe de nationaux, par contre, cette attitude allait soulever la consternation et l'indignation, en particulier parmi l'élite mulâtre, francophone et éduquée, particulièrement ceux-là dont les intérêts étaient lésés. Pour imposer leur contrôle, « *Les États-Unis font élire un Président, le Président du Sénat Philippe Sudre Dartiguenave et signer un Traité, base légale de l'occupation, par lequel ils prennent le contrôle des douanes et de l'administration. L'administrateur américain a le pouvoir de veto sur toutes les décisions gouvernementales d'Haïti et les officiers des Marines servent dans les provinces. Ainsi, 40 % des recettes de l'État passent sous le contrôle direct des États-Unis. L'armée est dissoute au profit d'une gendarmerie, destinée à maintenir l'ordre intérieur. Les officiers sont Américains. Les institutions locales, cependant, continuent à être dirigées par les Haïtiens* ».

Dans les mois qui suivirent la mise sous tutelle des forces d'occupation, « *des routes sont construites sous le système de la corvée. La réaction populaire est violente. À la fin de l'année, le pays est en état d'insurrection* ».

À la tête d'un mouvement de résistance appelé les « Cacos », nom remontant aux mouvements paysans armés du XIXème siècle, Charlemagne Péralte se rebella contre les forces d'occupations américaines dans le pays. « *Les paysans armés, surnommés « cacos », sont jusqu'à 40000. Leurs chefs les plus connus sont Charlemagne Péralte et Benoît Batraville qui attaquent la capitale, Port-au-Prince en octobre 1919. Charlemagne Péralte entreprend le harcèlement des forces américaines. Avec un armement limité à quelques vieux fusils et des machettes, les Cacos opposent une telle résistance que les effectifs des Marines sont augmentés, et les États-Unis en viennent à utiliser leur aviation pour contrôler le territoire et mater la guerila* ».

Chaque jour, le mouvement de résistance contre les occupants gagnait du terrain. Ainsi, avec un armement très limité composé de quelques vieux fusils et des machettes, les troupes du commandant Peralte posaient de sérieux problèmes aux *Marines* américains. « *Apres deux ans de combats, fort du soutien de la population, Charlemagne Péralte proclame un gouvernement provisoire dans le Nord de Haïti, en 1919* ».

Cependant, comme Judas l'avait fait envers Jésus le Messie de Nazareth, Charlemagne Péralte, le héros révolutionnaire, fut trahi par l'un des siens. Une fois capturé, il fut tué par les Américains le 31 octobre 1919. « *Dans la nuit du 31 octobre 1919, guidé par Jean-Baptiste CONZE, un des proches de Charlemagne PERALTE, le sous-lieutenant HANNEKEN, des US Marines, infiltre le campement des Cacos, près du village de Grand-Rivière du Nord. Grimés, le*

240

visage noirci au charbon, les soldats états-uniens passent plusieurs poins de contrôle, avec l'aide de CONZE (dont le nom est depuis devenu synonyme de traître en Haïti). Parvenu à 15 mètres de Charlemagne PERALTE, HANNEKEN dégaine son arme de poing et l'abat d'une balle dans le cœur. Une brève escarmouches'ensuit, les Cacos survivant se dispersant dans la nuit».

Puis, « *un cliché du cadavre de Charlemagne Péralte, pris par les Américains, montre le corps du héros révolutionnaire attaché à une porte et accompagné du drapeau bicolore haïtien. Cette photographie est reproduite à des milliers d'exemplaires pour être distribué dans tout le pays* ».

La distribution à des milliers d'exemplaires de la photo de Charlemagne Péralte sur tout le territoire avait un double aspect politique. À court terme, elle visait d'abord à limiter toute forme de mobilisation que pourrait entreprendre les paysans des Cacos contre les occupants. Dans le long terme, elle visait aussi à casser le mouvement grandissant dans la région. Le message des *Marines* était clair : chaque fois qu'il y aurait des leaders émergeants à la tête de ce mouvement, ils subiraient les mêmes sorts que Charlemagne Péralte. Donc, l'idée était de s'assurer de la démobilisation des têtes de ponts des mouvements de résistance contre les occupants, afin qu'ils ne puissent jouer un aussi grand rôle dans l'avenir. Car l'émergence de Charlemagne Péralte dans la lutte anti-américaine sur le terrain menaçait en quelque sorte les occupants.

Pendant la première moitié du vingtième siècle, « *la mort de Charlemagne Péralte a pris pour les Haïtiens la dimension d'un martyre. Après le départ des forces américaines en 1934, le corps de Péralte fut déterré, identifié par sa mère et enterré avec les honneurs au cimetière de Cap-Haïtien* ».

Puis, dans les discours enflammés anti-impérialistes du jeune prêtre de la théologie de libération, son nom fut fréquemment cité, alors que, pendant presque toute la seconde moitié du vingtième siècle, ce fut presque un silence absolu sur le nom et la mort de ce héros. Effectivement, lors des élections présidentielles de 1990, le candidat Jean-Bertrand Aristide avait ressuscité le nom de Charlemagne Péralte pour faire de ce nationaliste son cheval de bataille. Mais les circonstances dans lesquelles il fut écarté du pouvoir en 1991 et les stratégies du retour allaient par la suite faire tout basculer.

Cent ans après l'occupation américaine en Haïti et le combat mémorable du mouvement des Cacos contre l'occupant, non seulement il y a encore des bottes des soldats étrangers au pays de Charlemagne Péralte, mais on ne parle presque plus de ce nationaliste. Si on le fait, c'est en privé, afin de ne pas être persécuté « Charlemagne Péraltement ».

Prof. ESAU Jean-Baptiste

Texte 37

Si Jean Jacques Dessalines était candidat aux présidentielles du 25 octobre

A quelques jours des élections présidentielles d'octobre, de nombreux partis et plateformes politiques, sur front de grande division idéologique, font promotion de leur programme de campagne. D'autres, pendant que le pays fait face a de grands problèmes structurels et conjoncturels, s'engagent sur le terrain dans le débat politique orienté vers ceux la qui sont les heritiers du fondateur de la patrie et ceux qui ne le sont pas. Mais si l'Empereur Jean Jacques Dessalines faisait campagne ces jours, ses deplacements, mis á part les problèmes de santé, d'éducation, création de l'emplois et de la degradation de l'environnement, accenturaient sur la souverainete nationale, unité nationale et justice sociale.

Plus de deux cents ans après l'épopée historique de Vertières, non seulement la sécurité des Haïtiens dépend de la MINUSTAH, mais des actes de souveraineté nationale comme les élections dépendent aussi de l'OEA et des amis de la communauté internationale, particulièrement le Core Groupe. Donc dans le cadre de son programme politique, Dessalines, élaborerait sur une série d'actions coordonnées et bien organisées qui vise à proteger la souverainete du peuple haitien. Ce qui impliquerait non seulement le départ de la MINUSTAH, mais aussi toute une ensemble des mesures sécuritaires et militaires seraient prises de manière permanente pour protéger les zones frontalières du pays.

Souveraineté nationale

Après 1804, comme l'indépendance d'Haiti était encore menaçante, ainsi pour la proteger de la Frances et d'autres puissances colonialistes d'alors, toute une série de mesures défensives et offensives avaient été étudiées et mises en application par le fondateur de la nouvelle nation. Pour consolider l'indépendance, des forts ont eté construits et l'armée réorganisée. « *Pour éviter un retour éventuel des Français, il organisait une armée de 52 500 hommes, soit 19% de la population; avec Henri Christophe pour général en chef, il faisait construire (par le décret du 9 avril 1804) des forts à travers tout le pays. Il entendait donner au pays la mer pour frontière."* Haïti *doit avoir la mer pour frontière"*, déclarait-il.

Mis á part la sécurité des haïtiens qui en dépend de la MINUSTAH, mais comme l'a tristement montré, l'histoire de violence des dominicains sur les haitiens, la crise haitiano-dominicaine, suscite un état de tension qui retient non seulement l'attention de l'international, mais révèle au grand jour des années de rancune des dominicains contre les haïtiens. Ainsi, dans son discours de campagne, Jean Jacques Dessalines ne tolerait pas que les dominicains continuent á bruler le bicolore haïtien, violent et tuent par pandaison des jeunes haitiens. Il dira, d'une voix forte et ferme, que les comportements des dominicains sont des actes anti-haïtiens. Ils sont aussi des actes de guerre qui requièrent du gouvernement qui sortira des prochaines élections, si toutefois, elles devaient avoir lieu le 25 octobre, une détermination et une résolution sans faille contre l'animosité du voisin. De la, il s'enchaine avec son discours traditoinnel d'unité nationale.

L'unité nationale

Aujourd'hui, Haïti est, non seulement l'un des pays les plus pauvres et les plus désorganisés, mais elle est aussi très divisé. Mais en tant qu'un grand rassembleur. Dessalines, pronerait non seulement l'unité entre tout haïtien, mais il aurait aussi oeuvré pour que cette union soit répandue nationalement. Dans son programme de campagne, du Nord au Sud et de l'Est a l'Ouest, il demanderait aux *"haïtiens de vivre en symbiose et communier dans un même idéal patriotique"*. l'idéal dessalinien, selon l'ancien Président Lesly Manigat, *le rêve du Fondateur pour sa patrie était la parfaite réconciliation entre deux classes d'hommes nés pour s'aimer, s'entraider, se secourir, mêlées enfin et confondues ensemble.*

Justice social

Dans ce pays de contraste, occupé par des forces étrangères, divisé politique et socialement, Dessalines en tant qu'un justicier social, dans son programme de changement pour les masses, conçevrait une politique publique orientée vers le bien-être collectif. Avec rigueur, il dirait au petit groupe de personnes qui forment la classe dominante et qui detient non seulement toutes les richesses du pays, mais aussi avec leurs amis de l'international qui cherchent à influer les principales décisions du pays que l'épopée de 1804 de l'armée indigène n'a pas été seulement l'œuvre des officiers et sous officiers mulatres, mais aussi l'effort des vaillants soldats issue de la classe majoritaire esclavagiste.

Il rappellerait aussi que deux cents onze ans après l'indépendance, Haïti est le pays de deux peuples, et deux modes de vies. A l'ère ou l'international, par des élections frauduleuses, impose des dirigeants sans vision, Jean Jacque

Dessalines le Grand, dans un rassemblement de masse au Pont Rouge, imposerait sa vision de changement pour ces malheureux qui croupissent dans les bidonvilles dans les dix départements du pays. Il ne voulait pas que Haiti continue á être une colonie sans les colons comme au temps des maîtres d'esclaves du dix-huitieme siècle. Au contraire, il reclamerait que tous, quelque soit leur descendance, ont pleinement droit à l'héritage légué par les ancêtres. A tous ceux la qui, par leurs statuts d'anciens libres, se considèrent eux-mêmes comme étant des privilégiés et qui voulaient accaparer tout le bien du pays, en tant que grand visionaire et aussi en bon justicier, il se dirait « *Et les pauvres noirs dont leurs pères sont en Afrique, n'auront-ils donc rien»*?

Quant aux fonctionnaires et dirigeants corrompus, complices de l'international, qui pillent effrontément le trésor public et les fonds Petro caribe, lors d'une rencontre sur la place des Gonaives, Dessalines dirait que le fossée économique est, avec des stratifications sociales, trop criante entre *''sa ki pa gen anyen e sa ki genyen twop''*.

De plus, en dépit de cette grande disparité causé par les mauvaises gouvernances des hommes et des femmes d'Etats, Jean Jacques Dessalines dirait que nous sommes tous fils d'une même patrie. Li tap mande pou li fe youn chita ak *Petyon pou yo kab rive jwoin youn antant nasyonal pou yo pale de gwo pwoblem peyi an.* Par ce geste combien historique, Dessalines se veut en finir définitivement avec l'exploitation outrancière et l'inégalité sociale qui ravagent le pays depuis 1804.

Et finalement, tout en encourageant ses supporteurs, si toutefois il y en aurait des élections le 25 octobre, á aller voter le jour du scrutin, il les exhorte aussi á ne pas se mêler ou de répondre á des provocations de violence d'un quelconque secteur nostalgique du pouvoir politique. Comme il clôturait sa campagne á la course présidentielle de 2015, tout en rappelant au peuple haïtien que leur source de financement venait strictement des supporteurs locaux n'ayant pas impliqué dans des manœuvres déloyales de l'argent sale résultant des activités illégales, une question face à l'intransigeance du candidat à l'ingérence et l'arrogance du Core Groupe lui a été pose par un journaliste occidental. Avec l'ère d'un commandant en chef, Dessalines répondrait, « *Que m'importe le jugement de la postérité, pourvu que je sauve mon pays* ».

Prof. ESAU Jean-Baptiste

Texte 38

Haiti, quelle démocratie ?

Pour l'haïtien moyen, le concept de démocratie, dont les occidentaux essaient d'imposer au peuple haitien depuis le depart de Jean Claude Duvalier le 7 fevrier 1986, semble ne pas avoir trouvé un terrain fertile au pays de Jean Jacques Dessalines. ''Li pa ateri''. La raison en est que vingt-neuf ans après, tout en ignorant le rôle que devrait jouer le peuple haïtien et les organisations politiques dans un processus démocratique, les occidentaux tentent, á chaque élection, d'imposer au peuple haïtien, une démocratie qui vise seulement leurs propres intérêts mesquins. Pour ce faire, quand ce n'est pas l'organisation des Etats américains, c'est au ''Core Group'' de décider des résultats d'un scrutin. *''Les puissances internationales sous le leadership de l'impérialisme américain ne cachent plus leurs mains pour désigner les vainqueurs et les perdants des élections. La Mission des Nations-Unies pour la Stabilisation d'Haïti (la MINUSTAH) opère impunément comme leurs bras armés. Elles agissent, désormais, à visière levée en dehors des règles les plus élémentaires de la diplomatie''.*

L'histoire politique des dernières élections en Haïti, nous enseigne comment ces mêmes donneurs de leçon ont, tout en supportant des mouvements anti-democratiques, sapé pendant plusieurs décennies de véritables processus démocratiques dans le pays. *''Pour saisir le processus électoral haïtien, il appert de le regarder dans la sphère d'influence internationale, quitte à réserver au pouvoir d'État la possibilité du monopole du dernier mot. On observe, depuis quelques années à travers le monde un profond dévoiement de la démocratie représentative, un dévoiement qui affecte la nature même de cette démocratie. En un certain moment, la tenue régulière des élections suffisait pour qu'une nation fût reconnue démocratique. De nos jours, ce sont les multinationales, par l'entremise de leurs institutions paraétatiques comme l'Organisation mondiale du commerce, la Banque mondiale, la Troïka composée du Fond Monétaire International, de la Banque Centrale Européenne et de la Commission Européenne, qui mènent le jeu. Des non-élus qui imposent leur quatre volonté à des gouvernements élus, incluant ceux des grandes puissances militaires et économiques. Les élections,béquille de la démocratie représentative, sont détournées par leurs principaux solliciteurs exigeants non envers eux-mêmes, mais envers les autres''.*

Echecs flagrants de tentative de stabilisation

Selon Ricardo Seitenfus *"Un simple regard sur les vingt-cinq dernières années dévoile les échecs flagrants de tentative de stabilisation ou de « normalisation » d'Haïti. Pas moins de 30 milliards de dollars auraient été dépensés pour résoudre une crise récurrente. Des milliers d'anonymes spécialistes de la coopération pour le développement se sont rendus sur place pour accompagner et orienter des projets dans les domaines les plus divers. Jamais un petit pays sous-développé n'a autant éveillé l'intérêt d'un si grand nombre de scientifiques et de chercheurs renommés au long de ces trois dernières décennies. Des spécialistes nord-américains et européens des champs de la connaissance les plus divers – économistes en tête – ont élaboré des centaines d'études qui ont débouché sur des suggestions et des propositions* (La nature du dilemme haïtien, Nouvelliste 29 avril 2015).

M. Seteinfus, représentant de l'OEA en Haïti lors du premier tour des élections présidentielles de novembre 2010, était donc partie prenante du rôle que jouait la communauté internationale dans cette mascarade électorale, l'auteur de *"l'Echec de l'aide internationale en Haïti"*, publié sous les
250

Presses de l'Université d'Etat d'Haïti, croit que''*de toutes les expériences récentes de transition politique entre une dictature et une démocratie, celle d'Haïti n'a pas seulement été longue, chaotique et toujours retardée; elle est la seule à ne pas pouvoir encore définir les règles du jeu de la lutte pour le pouvoir. Des exemples de réussite ne manquent pas et vont tous dans le même sens. D'un côté, les acteurs politiques doivent soigner les blessures du passé (lois d'amnistie, de pardon, de paix et de conciliation, etc.). De l'autre, établir des règles de fonctionnement pour l'avenir (multipartisme, liberté de la presse et des associations, alternance du pouvoir, respect des minorités et des droits de l'homme, institutions solides et respectées, etc.)* (La nature du dilemme haïtien. Nouvelliste 29 avril 2015).

C'est comme dans les animaux malades de la peste de Lafontaine. Selon que vous soyez pro ou anti imperialiste, la communaute internatioale vous rendront blancs ou noirs. Depuis leur départ de leurs dix-neuf années d'occupation d'Haïti (1915-1934), les États-Unis est, par le truchement de leur ambassade à Port-au-Prince, devenu une force de déstabilisation de la politique haïtienne. De par leurs agents sur le terrain, Washington peut décider à n'importe quel moment de la destinée d'un candidat à la présidence aussi bien que de celle d'un chef d'État en fonction, surtout si ce denier remet en cause ses intérêts. *L'histoire a démontré plus d'une fois que lorsque les dirigeants des pays exploités ne font pas l'affaire des grandes puissances, élus démocratiquement ou non, ils sont diabolisés. Durant la guerre froide on les accusait d'être communistes, aujourd'hui la tendance est de les accuser* d'etre en violation des principes des droits humains.

La démocratie chez l'oncle est différente de celle de l'ère de la médiocrité en Haïti

Dans les pays occidentaux, particulièrement les Etats-Unis, donneur de leçon démocratique, contrairement á Haïti ou des citoyens sans capacité académique et expérience dans les affaires de politiques publiques se portent candidats á la présidence á quelques semaines d'une course électorale, pour bon nombre de présidents américains, le chemin vers la Maison-Blanche implique un long apprentissage dans la fonction publique. Ils furent âgés, qui d'une vingtaine, qui d'une trentaine d'années, à débuter leur carrière généralement à des niveaux inférieurs du système

Bien que de milieux familiaux différents, bon nombre de présidents américains, dans une certaine mesure, ont eu une carrière professionnelle similaire avant leur entrée publique en politique. En effet, parmi les quarante-quatre chefs d'États des États-Unis, vingt-six d'entre eux ont pratiqué le Droit à un certain moment dans leur vie. Certains furent des militaires de carrière, d'autres, éducateurs, journalistes, ingénieurs. Il n'est pas du tout surprenant qu'autant de présidents soient des avocats (au total vingt-six) parce que cette profession est étroitement liée à la politique.

La démocratie peut être une idée théorique

La démocratie, à travers d'élections crédibles et transparentes, même formellement instaurée, peut, dans une certaine mesure, particulièrement dans les pays pauvres, rester une idée théorique. Les élections de renouvellement, surtout dans le cadre d'une échéance politique, même lorsqu'elles sont coûteuses pour le Trésor public, ne sont pas négligeables puisque les conditions institutionnelles sont remplies. Elles le sont parce que c'est un passage obligé du processus. Cependant, elles sont insuffisantes si toutefois rien n'est fait pour qu'à travers des distributions de richesses, les conditions de vie des masses défavorisées soient changées. *"La répartition des richesses d'un pays au plus grand nombre d'individus donne à chacun un pouvoir personnel direct qui se rajoute à ceux que la puissance publique met à sa disposition à travers la loi et les moyens des services publics. Ainsi, un pays riche qui décide de répartir ou redistribuer les richesses et de se doter ses services publics de biens importants, tels qu'écoles, équipements sportifs, moyens de transports en commun, services sociaux et de santé, etc., ouverts à tous, mais destinés prioritairement aux plus démunis, donne plus de pouvoirs à l'ensemble de ses citoyens"*

Si les élections représentent le mode démocratique de désignation du personnel politique, depuis que ce processus est en cours dans le pays, des urnes sortent trop souvent en Haïti des dictateurs, contempteurs de la démocratie pensent des analystes de la politique haïtienne. Selon eux, les expériences électorales en Haïti ont toujours décèlé une illogisme au niveau de l'attente même du peuple haïtien à tirer quelque chose de positive. Depuis le depart de Jean Claude Duvalier le 7 février 1986, on organise toujours des élections, et ceci sans grands bénéfices pour les classes défavorisées. Avec le massacre des électeurs dans les bureaux de vote le 29 novembre 1987, Haïti a raté les premières élections post Duvalier. Depuis, quand elles ne sont pas organisées et orientées dans l'intérêt du parti au pouvoir et ds pays amis de l'international, les élections qui s'en suivent (1990, 1995, 2000, 2006, 2009 et 2010) nous ont donné des résultats insatisfaisants de mauvaise gouvernance.

Haïti et ses expériences de transition démocratique

Pendant les vingt-neuf années d'expérience de transition démocratique dans le pays, sous la supervision et collabo-ration des experts de la communauté internationale, les Conseils Electoraux Provisoire ont organisées plus d'une dizaine d'élections. Mais quelles sont les conséquences positives de ce scrutin dans la vie du peuple haïtien, surtout ceux des classes défavorisées. Dans son article ' *Les élections : un casse-tête haïtien»*, *professeur Guy-Michel Vincent déclare ''aucune d'elles n'est sans reproche, par excès ou par défaut''*. Depuis la journée macabre du 29 novembre 1987 marquée par le massacre de la ruelle Vaillant jusqu'aux celles controversées du 28 novembre 2010 et du 20 mars 2011 de Gaillot Dorsainvil, quand elles n'ont pas eu de violences, presque toutes les élections en Haïti ont toujours été entachées d'irrégularités. En commentant les crises politiques haïtiennes de l'après 1986, professeur Vincent a ''traduit la période électorale post-duvaliériste comme une réalité tumultueuse en Haïti. Mais quand est il de celles de 2015 de Pierre Louis Opont?

Les élections de 2015

Dans la foulée, il ne serait pas de bonne guerre si, en raison de sérieuses divergences politiques, et de constat d'échec des dirigeants haïtiens et d'experts internationaux dans ce dossier, á ne pas organiser des élections pour le renouvelement des cadres politiques. Il est vrai que l'opposition, á travers de nombreuses manifestations de rues, réclamait le départ du chef de l'Etat, force était de constater toutefois que l'épineux problème des élections était une priorité non seulement des acteurs politiques locaux, mais aussi du ''Core Group de la communauté internationale. Ce qui explique que dans l'espace de quelques semaines après la formation du Conseil électoral et son calendrier, tout un discours contraire semble tisser le comportement des différentes classes politiques du pays.

Avec le décret loi électoral approuvé en Conseil des Ministres en date du 2 Mars 2015 au Palais national, outil crucial pour le lancement du processus électoral, tout un train de mesure avait été, par la suite, mise en place par l'institution électorale.

Bond en avant, pendant les jours qui suivirent la création du Conseil électoral provisoire, on assista à des déclarations codées de la part de certains leaders des partis politiques opposés aux élections. La tactique du double langage recommençait comme les périodes pre-électorales de 1987. Avant, c'était *« non aux élections avec Martelly »*, mais comme les circonstances obligeaient, certains se voyaient obliger de s'embarquer dans le processus. Ce qui explique, subitement, ceux qui étaient contre les élections organisées par Martelly ont changé de stratégie pour finalement se porter candidats aux élections sous l'égide du nouveau conseil électoral et de l'administration Martelly-Paul.

Dès l'annonce du calendrier électoral, une voie était pavée pour que, á travers les élections, le renouvèlement de 119 députés, 20 sénateurs en aout, puis les maires et le président en octobre de cette même année. N'empêche, tout en se rappelant des dernières élections frauduleuses de novembre 2010 et de mars 2011 de Gaillot Dorsainvil et de Pierre-Louis Opont, tout le monde manifestait ouvertement ses doutes quant au Conseil électoral dirigé par ce même Pierre-Louis Opont á pouvoir organiser des élections crédibles dans le pays.

L'impression qui s'en dégageait au prime abord était, un CEP avec Opont coïnciderait automatiquement á une crise électorale en perspective. *''Il a été directeur général du très*

255

décrié conseil électoral présidé par Gaillot Dorsinvil dont le nom reste synonyme de fraudeur Son expérience fait à la fois sa force et sa faiblesse. Aux premières loges, il était forcément le témoin privilégié des dernières élections émaillées de fraudes massives perpétrées par presque tous les acteurs, surtout Inite, la plateforme politique proche de René Préval. Il était là aussi quand la communauté internationale, avec Edmond Mulet, patron de l'ONU et Kenneth H. Merten, ambassadeur des USA et d'autres ambassadeurs étrangers avaient forcé la mise à l'écart, sous pression, de Jude Célestin, au profit de Michel Martelly.''. (Nouvelliste 23 janvier 2015).

Inscription des partis politiques et des candidats

Depuis la première élection présidentielle post Jean Claude Duvalier avortée en novembre 1987, non seulement le nombre des partis politiques a tendance à croître, mais aussi celui des candidats s'est augmenté considerablement. En 2015, le Conseil Electoral Provisoire avait, lors des inscriptions des partis politiques, enregistré presque deux cents d'organisations politiques dans le processus. *Ils sont plus 187 au dernier décompte. Même ceux qui ne voulaient pas aller aux élections avec le chef des ''Tèt Kale'' répondent à l'appel.*

    Quant aux candidats á la députation, sénatoriale et présidentielles qui se faisaient inscrire dans les Bureaux électoraux départementaux, pour y parvenir, tout en essayant de donner l'impression qu'ils sont populaires, dans les dix départements du pays, certains de ces candidats se faisaient, dans bien des cas, *''accompagner par une bande de rara pour aller faire le dépôt de ses pièces dans les BED. Dans les départements de l'Ouest, de l'Artibonite, du Sud-Est... un peu partout à travers le pays, les candidats essaient le plus possible a coups de tambours et de vaccines, ils se font accompagner pour aller déposer leurs pièces dans les BED''.*

Comme ces gens s'étaient rénuméré pour être dans les rues, donc le plus souvent, la même bande de rara, sans conviction idéologique aucune ou appartenance politique, accompagnait plusieurs candidats successivement dans les bureaux d'inscription. Juste une question de temps pour certains d'entre eux de changer des maillots contenant les slogans et couleurs de l'autre parti politique ou du candidat.

Des candidats qui ont été agrées par l'institution électorale et dont leurs casiers judiciaires revelaient qu'ils étaient impliqués dans des actes répréhensibles, alors qu'il y avait des contestations contre leurs candidatures mettaient en doute le processus. Déjà, la crédibilité de ces dernières étaient soumises á rude épreuve puisque selon les plus pessimistes, le Conseil Electoral était mal parti. Selon *le RNDDH "il s'agit là non seulement d'une question de moralité mais aussi, d'une question de sécurité publique. En effet, des individus en confit avec la Loi, recherchés par la Police et la Justice, contre lesquels des certificats négatifs ont été émis par la Police peuvent-ils vraiment faire partie du Grand Corps, quand on se rappelle le niveau de dysfonctionnement de l'appareil judiciaire haïtien''.*

Au regard de toute machination, il était claire que quelque chose étaient entrain de se planifier pour que a travers de ces élections, des nostalgiques du pouvoir puissent satisfaire leur ego. Mais certaines gens n'avaient pas laissé passer cette tendance machiavélique sans répondre à l'interrogation principale de ce laboratoire

En effet, certains candidats, avec leurs acolytes au pouvoir avaient misé sur des élections frauduleuses afin de garder le pouvoir exécutif, dans la foulée, une majorité dans les deux chambres. Malgré leurs grands moyens économiques et de multiplications de contactes auprès des institutions nationales et internationales dans le but de faciliter leurs victoires, certains membres de la société civile et des partis politiques de l'opposition étaient vigilants á ce projet macabre.

Echecs des dirigeants de l'après 1986

Dragan Matic écrit : *"Il est vain, voire trompeur, de parler de démocratie lorsqu'il n'existe pas une répartition des richesses suffisantes entre les citoyens"*.

Mis á part de l'ingérence de l'international dans les affaires internes du pays et les contancieux entre les grands hommes politiques du pays, l'autre handicap majeur qui empeche á la démocratie de faire son chemin en Haiti « *est le fait que les partis politiques sont en général considérés comme de simples tremplins pour l'ascension sociale. Le* peuple haitien « *n'ayant pas encore compris que les partis sont des institutions pour canaliser le débat des idées et mobiliser les forces vives de la société autour de projets servant l'intérêt général. Rares sont les groupements politiques fondés sur les idéologies politiques et surtout qui fonctionnent de manière démocratique* ».

En plaçant les déclarations de Dragan Matic dans un contexte haïtien, il est évident que les différents gouvernements qui se sont succédés de 1986 à 2015 ont tous piteusement échoué. Ils le sont du fait qu'ils sont incapables de comprendre que le soulèvement qui a conduit au départ de Jean-Claude Duvalier le 7 février 1986 était beaucoup plus chargé d'espérances qu'un simple changement de gouvernement. Dans leurs revendications, les masses défavorisées, en sortant dans les rues, réclamaient d'un leader moderne, avec de grandes visions, un nouveau contrat social. En un mot, le peuple voulait un leader capable, à travers l'idéal dessalinien, de comprendre ses aspirations politiques, économiques et sociales. *''Car, si le devoir des responsables politiques est d'apporter des réponses aux besoins des citoyens à travers une société organisée, il est clair que ces besoins doivent être identifiés et articulés dans des programmes bien définis. Il est inadmissible qu'un Pays soit aussi souvent exposé au hasard sans que des ayant droits n'interviennent pour indiquer une orientation comme s'il n'y a pas de sortie possible''*

Vingt-neuf ans après le départ de Jean-Claude Duvalier, Haïti continue de faire face aux crises institutionnelles. Tous les éfforts de 1986 à 2015, dans le cadre du processus démocratique ont été sapés par certains hommes politiques du pays aussi bien que des pays occidentaux dites amis d'Haiti. La démocratie *'n'est pas la bienvenue ni dans l'opposition, ni chez le pouvoir. Ceux qui arrivent au pouvoir à travers les élections oublient qu'ils doivent le céder par le même moyen. Trop confortables dans les gouvernements de transition, certains partis qui se réclament de l'opposition veulent s'y cantonner toujours'*

Plus d'un quart de siècle après, Haïti reste à la case départ. La démocratie continue encore à chercher sa voie en Haïti. *''La cohabitation entre les pouvoirs constitués de l'État se révèle difficile. L'alternance politique reste un concept vide de sens. Le pays ne se dote même pas encore d'institutions pouvant garantir la tenue des élections à intervalles réguliers. Chaque élection organisée est comme une première expérience. Entre-temps, notre dépendance vis-à-vis de l'internationale s'accentue. Derrière la plus petite décision, on soupçonne une main étrangère. Avec la formule : « Ote-toi que je m'y mette », on ne va pas laisser la zone de turbulences de si tôt''* (*Le Nouvelliste*, 16 décembre 2014).

259

Vingt-neuf ans après, demokrasi pa ateri an Ayiti. Avec des irrégularités, des bourages d'urnes, des faux mandataires dans les bureaux de votes et un second tour pour les élections présidentielles incertain, les scrutins du 9 août et 25 octobre sont dans l'impasse. Entre-temps, les donneurs de leçon continuent, dans les ambassades, á influencer ceux qui peuvent influencer. Pendant que, dans le but d'obtenir une décision favorable du bureau du contentieux électoral, des candidats versent des pots de vin á des conseillers électoraux. Tandisque, ils sont nombreux ceux-la qui sont en réserve de la république. Comme aurait pu dire Pierre Raymond Dumas, la transition continue. Demokrasi pa ateri.

Prof. ESAU Jean-Baptiste

Conclusion

En commentant un accident sur la route du Canapé-Vert, Joelette Joseph, citoyenne très concernée des problèmes structurels et conjoncturels du pays, mentionne ce qui suit: *«Parfois, le camion arrive sur toi avec sa tête d'un cote et ses restes d'un autre cote. Li kwochi epi wou yo menm preske voltije. Cela ne derange personne. On est tellement devenu sinique que nous preferons cotoyer la mort tous les jours au lieu de se mettre debout pour secouer les cocotiers sur la tete de nos dirigeants. A moi, on dit que je cherche toujours la petite bete! Comme toujours c'est le je m'en foutisme jusqu'au jour ou le malheur frappe a notre porte ou est temoin du drame. Citoyens laxistes = Etat laxiste! Mais bon le sitwayen demisyone yo pran woulib pou pa fe anyen.*

Elle continue pour dire: *Sa fe lontan m sispann bay tet mwen manti. Je peux toujours faire semblant d'etre heureuse, montrer des photos pour faire croire qu'il fait bon de vivre ici. Mais c'est faux. On n'est pas heureux dans ce pays. On cotoie la mort, la tristesse, les femmes qui mendient tous les jours avec leurs enfants en bas ou ceux des autres qu'elles empruntent ou louent pour la journée. On nous fait croire que l'UNICEf et le Bien-etre Social protegent le droit des enfants. Mais je me demande ou est UNICEF qui a son bureau a PETION-VILLE avec toutes ces femmes qui mendient avec ces enfants sous les bras? Ou est l'Etat Haitien. Nou pa yon peyi. On est une veritable comedie. On n'est rien du tout! Un consul étranger a eu un malaise recemment et il est arrivé dans un centre hospitalier prive et il n'y avait pas de place pour le recevoir. Imaginez le cas d'un pauvre haïtien. On n'est rien du tout. Juste une bande d'enfants qui croient dans un reve, une belle histoire et un passe heroique qui s'appelle Haiti ».*

Jean François Nadeau, dans "Haïti, le pays qui veut respirer", écrit que *"Port-au-Prince croule sous le poids de montagnes de déchets tandis qu'un jeu électoral se poursuit, bien que dénoncé par nombre d'intellectuels pour tricheries. Pendant que les écarts de perception à l'intérieur même d'Haïti tiennent de l'écartèlement*,il n'est pas différent dans d'autres régions du pays.. *« Je n'ai jamais vu des riches comme ici à Montréal »*, dit Laferrière, fils d'un ancien maire de Port-au-Prince. Des maisons immenses, des palais, la démesure accrochée aux hauteurs de la ville. *« J'ai vu quelqu'un qui a fait entrer la montagne dans son salon. La montagne est intégrée à son intérieur sans que cela paraisse prendre de l'espace. »*

Selon l'auteur, *"Le jour, dans les quartiers près de la mer, des cochons en liberté plongent leur groin dans les détritus sans jamais parvenir à les faire disparaître. La nuit, on met le feu à des amoncellements d'ordures accumulés au bord des routes, dans l'espoir vague qu'au-delà des désagréments causés par la fumée acre on parviendra peut-être à se dégager de cette catastrophe écologique. Rien n'y fait"*

Après le départ de Jean-Claude Duvalier en février 1986, les classes défavorisées avaient repris confiance et manifestaient leur foi envers le changement politique, économique et social que le pays était alors sur le point de connaître, selon toutes les espérances. C'est ce qui revenait à dire qu'un espoir de changement radical dans la situation sociale, économique et politique faisait palpiter principalement les cœurs des couches populaires.

Pourtant, trente ans après la disparition de la dictature duvalieriste, *« le pays patauge encore aujourd'hui, avance, recule et ne va nulle part. La déception est donc énorme, alors que le cadre politique devient de plus en plus contraignant. La situation est telle, à ce moment précis de l'histoire, que le tableau de bord des indicateurs de développement signale clairement qu'Haïti se retrouve nettement en dessous de la barre dans l'apprentissage de la croissance économique ».*

Force est donc de constater que, dans l'Haïti d'aujourd'hui, la société se trouve chaque jour confrontée à des problèmes d'insécurité, de chômage, d'électricité et de transports défaillants, sans parler du coût élevé de la vie, de l'analphabétisme, de la corruption et de l'enrichissement illicite des classes possédantes, toutes issues des partisans des anciennes dictatures qui se sont partagé le pays depuis son accès à l'indépendance. Ouf ! La liste est longue, dira un investisseur auteur d'une étude de marché sur Haïti.

Comme la transition de la dictature duvaliériste à la démocratie ne semble pas connaître de point final, c'est donc à travers de textes engagés que nous avons été amenés à prendre position pour des changements en profondeur concernant les problèmes structurels et conjoncturels en Haïti. Si l'espoir fait vivre, il n'en pas de même, malheureusement, des conditions particulières d'existence ni du fonctionnement des institutions dans le pays tout entier : tel est le message que nous avons voulu délivrer au travers de cet ouvrage.

Table des matières

www.ingramcontent.com/pod-product-compliance
Lightning Source LLC
Chambersburg PA
CBHW072117270326
41931CB00010B/1589